DR. OETKER

# NOCH MEHR MODE TORTEN

LAMBADASCHNITTEN, MARS-BIRNEN-TORTE,
PAPAGEIENKUCHEN, Ü-EIER-KRANZ ...



WILHELM HEYNE VERLAG
MÜNCHEN

»Noch mehr Modetorten« ist für alle, die bereits die After-Eight-Torte, die Fantaschnitten und die anderen tollen Rezepte aus »Modetorten« kennen und von ihnen begeistert sind. Wir verraten Ihnen weitere Backideen, die bisher nur hinter vorgehaltener Hand von Freundin zu Freundin weitergegeben wurden.

Kreative, überraschende Genüsse, sahnige Highlights, Torten mit Schwips oder auch Hits für Kids – oft erprobt, aber selten dokumen-

tiert. Außerdem zeigen wir Möglichkeiten auf, wie Sie tolle Torten backen können, ohne zu backen.

Alle Rezepte wurden von uns nachgebacken, überprüft und so beschrieben, daß sie garantiert gelingen.

## Abkürzungen

| | |
|---|---|
| EL | = Eßlöffel |
| TL | = Teelöffel |
| Msp. | = Messerspitze |
| Pck. | = Packung/Päckchen |
| g | = Gramm |
| kg | = Kilogramm |
| ml | = Milliliter |
| l | = Liter |
| evtl. | = eventuell |
| geh. | = gehäuft |
| gestr. | = gestrichen |
| TK | = Tiefkühlprodukt |
| °C | = Grad Celsius |
| Ø | = Durchmesser |
| E | = Eiweiß |
| F | = Fett |
| Kh | = Kohlenhydrate |
| kcal | = Kilokalorien |
| kJ | = Kilojoule |

## Hinweise zu den Rezepten

Bitte beachten Sie bei der Einstellung des Backofens die Gebrauchsanweisung des Herstellers.

Für Tortenfüllungen und -beläge, die mit rohen Eiern zubereitet werden, nur ganz frische Eier verwenden, die nicht älter als 5 Tage sind (Legedatum beachten). Die fertige Torte im Kühlschrank aufbewahren und innerhalb von 24 Stunden verzehren.

Aufgetaute und wieder eingefrorene Eiscreme können Sie nicht noch einmal einfrieren und sollten Sie möglichst innerhalb eines Tages verwenden.

## Zubereitungszeiten

Die Zubereitungszeit beinhaltet nur die Zeit für die eigentliche Zubereitung, die Backzeiten sind gesondert ausgewiesen. Längere Wartezeiten wie z.B. Kühlzeiten sind ebenfalls nicht einbezogen.

# Kapitelübersicht

Kann es eine köstlichere Art und Weise geben, Erdbeere, Apfel, Mandarine & Co. zu vernaschen?

# Freche Früchtchen

## Mars-Birnen-Torte

**Zubereitungszeit: 50 Min., ohne Kühlzeit**
**Backzeit: etwa 45 Min.**

**Insgesamt:**
**E: 72 g, F: 245 g, Kh: 489 g, kJ: 22802, kcal: 5449**

Für die Mars-Sahne:
- **600 ml Schlagsahne**
- **3 Riegel Mars (à 60 g)**
- **2 Pck. Sahnesteif**

Für den Rührteig:
- **75 g Butter oder Margarine**
- **125 g Zucker**
- **1 Pck. Vanillin-Zucker**
- **3 Eier (Größe M)**
- **1 Pck. Geriebene Zitronenschale**
- **100 g Weizenmehl**
- **1 gestr. TL Backpulver**
- **50 g abgezogene, gemahlene Mandeln**

Für den Belag:
- **1 Dose Birnenhälften (850 ml)**
- **3 kleine Riegel Mars (à20g)**

1 Für die Mars-Sahne die Sahne mit den Mars-Riegeln aufkochen, bis diese geschmolzen sind. Die Masse in eine Rührschüssel umfüllen, mit Klarsichtfolie abdecken und über Nacht kalt stellen.

2 Für den Rührteig Butter oder Margarine mit Handrührgerät mit Rührbesen auf höchster Stufe geschmeidig rühren. Nach und nach Zucker und Vanillin-Zucker unterrühren, so lange rühren, bis eine gebundene Masse entstanden ist. Eier nach und nach unterrühren (jedes Ei etwa 1/2 Minute). Zitronenschale unterrühren.

3 Mehl mit Backpulver mischen, sieben und portionsweise auf mittlerer Stufe unterrühren. Mandeln unterrühren. Teig in eine Springform (Ø 26 cm, Boden gefettet) füllen.

4 Für den Belag die Birnen auf einem Sieb abtropfen lassen, in Spalten schneiden und auf dem Teig verteilen (12 Birnenspalten zurücklassen). Die Form auf dem Rost in den Backofen schieben.

(Fortsetzung Seite 10)

Ober-/Unterhitze:
etwa 180 °C (vorgeheizt)
Heißluft: etwa 160 °C
(nicht vorgeheizt)
Gas: etwa Stufe 3
(nicht vorgeheizt)

Backzeit:
etwa 45 Min.

5 Den Tortenboden aus der Form lösen, auf einem Kuchenrost erkalten lassen.

Mars-Sahne mit Sahnesteif steif schlagen und kuppelartig auf den Boden streichen. Die Torte mit in Scheiben geschnittenen Mars-Riegeln und Birnenspalten garnieren.

## Frau-Holle-Torte

*Zubereitungszeit: 35 Min.*
*Backzeit: etwa 45 Min.*

*Insgesamt:*
*E: 52 g, F: 160 g, Kh: 391 g,*
*kJ: 13961, kcal: 3335*

Für den Knetteig:
- **200 g Weizenmehl**
- **1 gestr. TL Backpulver**
- **100 g Zucker**
- **1 Pck. Vanillin-Zucker**
- **1 Eigelb (Größe M)**
- **1 Ei (Größe M)**
- **100 g Butter**
- **1 EL Weizenmehl**

Für den Belag:
- **500 g Apfelmus**
- **100 g gemahlene Haselnußkerne**
- **75 g abgetropfte Preiselbeeren (aus dem Glas)**

Für die Wölkchen:
- **1 Eiweiß (Größe M)**
- **50 g gesiebter Puderzucker**

1 Für den Knetteig Mehl mit Backpulver mischen und in eine Rührschüssel sieben. Zucker, Vanillin-Zucker, Eigelb, Ei und Butter hinzufügen. Die Zutaten mit Handrührgerät mit Knethaken zunächst kurz auf niedrigster, dann auf höchster Stufe gut durcharbeiten.

2 Anschließend auf der bemehlten Arbeitsfläche zu einem glatten Teig verkneten. Sollte er kleben, ihn eine Zeitlang kalt stellen. Zwei Drittel des Teiges auf einem gefetteten Springformboden (Ø 26 cm) ausrollen, mit einer Gabel mehrmals einstechen. Den Springformrand darumlegen.

3 Unter den restlichen Teig den Eßlöffel Mehl kneten, zu einer Rolle formen, diese als Rand auf den Teigboden legen. Die Rolle so an die Form drücken, daß ein etwa 3 cm hoher Rand entsteht. Die Form auf dem Rost in den Backofen schieben.

Ober-/Unterhitze:
200–220 °C (vorgeheizt)
Heißluft: 180–200 °C
(vorgeheizt)
Gas: Stufe 3–4 (vorgeheizt)
Backzeit: etwa 20 Min.

4 Den Boden in der Form auskühlen lassen.

5 Für den Belag Apfelmus, Haselnußkerne und Preiselbeeren vermischen und gleichmäßig auf den Teigboden streichen.

6 Für die Wölkchen Eiweiß steif schlagen, Puderzucker nach und nach unterschlagen. Eischnee in einen Spritzbeutel mit kleiner Lochtülle füllen, als kleine Wölkchen auf den Belag spritzen. Torte nochmals in den Backofen schieben.

Ober-/Unterhitze:
etwa 160 °C (vorgeheizt)
Heißluft: etwa 140 °C
(vorgeheizt)
Gas: Stufe 2–3
(vorgeheizt)
Backzeit: etwa 25 Min.

# Schneeflöckchen-Torte

**Zubereitungszeit: 45 Min.**
**Backzeit: 20–25 Min.**

**Insgesamt:**
**E: 83 g, F: 323 g, Kh: 533 g, kJ: 23109, kcal: 5516**

Für den Biskuitteig:
- **2 Eier (Größe M)**
- **2–3 EL heißes Wasser**
- **100 g Zucker**
- **1 Pck. Vanillin-Zucker**
- **75 g Weizenmehl**
- **50 g Speisestärke**
- **1 gestr. TL Backpulver**

Für die Vanille-Kokos-Creme:
- **1 1/2 Pck. Pudding-Pulver Vanille-Geschmack**
- **75 g Zucker**
- **500 ml (1/2 l) Milch**
- **200 g Butter**
- **250 g Speisequark**
- **150 g Kokosraspel**

- **2 EL Aprikosen-konfitüre**

Für den Belag:
- **1 Dose Aprikosen (Abtropfgewicht 480 g)**
- **100 g halbierte Cocktailkirschen (aus dem Glas)**

- **Kokosrapel oder gehackte Pistazien-kerne**

**1** Für den Biskuitteig Eier und Wasser mit Handrührgerät mit Rührbesen auf höchster Stufe in 1 Minute schaumig schlagen. Zucker und Vanillin-Zucker mischen, in 1 Minute einstreuen, dann noch etwa 2 Minuten schlagen.

**2** Mehl mit Speisestärke und Backpulver mischen, die Hälfte davon auf die Eiercreme sieben und kurz auf niedrigster Stufe unterrühren. Den Rest des Mehlgemisches auf dieselbe Weise unterarbeiten. Den Teig in eine Springform (Ø 28 cm, Boden gefettet, mit Backpapier belegt) füllen. Die Form sofort auf dem Rost in den Backofen schieben.

**Ober-/Unterhitze: 180–200 °C (vorgeheizt)**
**Heißluft: –**
**Gas: Stufe 3–4 (vorgeheizt)**
**Backzeit: 20–25 Min.**

**3** Den Boden aus der Form lösen, auf einen mit Backpapier belegten Kuchenrost stürzen und erkalten lassen. Das mitgebackene Backpapier abziehen.

**4** Für die Vanille-Kokos-Creme aus Pudding-Pulver, Zucker und Milch einen Pudding nach Packungsaufschrift – aber mit den hier angegebenen Zutaten – zubereiten. Butter unterrühren und den Pudding abkühlen lassen, dabei ab und zu umrühren.

**5** Quark und Kokosraspel unter den Pudding rühren. Den Biskuitboden mit Aprikosenkonfitüre bestreichen.

**6** Für den Belag Aprikosen auf einem Sieb abtropfen lassen und mit Küchenpapier trockentupfen. Einige Aprikosen zum Garnieren zurücklassen.

**7** In jede Vertiefung der Aprikosen eine Kirschhälfte geben und die gefüllten Aprikosen mit der Schnittfläche nach unten gleichmäßig auf dem Biskuitboden verteilen. Die Vanille-Kokos-Creme darauf streichen.

**8** Die Tortenoberfläche mit Kokosraspeln bestreuen. Die zurückgelassenen Aprikosen in Kokosraspeln oder Pistazien wälzen und die Torte damit garnieren.

# Apfel-Milchreis-Torte

**Zubereitungszeit: 50 Min., ohne Quell- und Kühlzeit**
**Backzeit: 15–20 Min.**

**Insgesamt:**
**E: 131 g, F: 425 g, Kh: 532 g, kJ: 28035, kcal: 6696**

Für den Rührteig:
- **250 g Butter**
- **125 g Zucker**
- **1 Pck. Bourbon-Vanille-Zucker**
- **5 Eier (Größe M)**
- **175 g Weizenmehl**
- **25 g Speisestärke**
- **2 gestr. TL Backpulver**
- **75 g aufgelöste Zartbitterkuvertüre**

Für die Füllung:
- **3 Äpfel, z. B. Elstar (etwa 450 g)**
- **500 ml (1/2 l) Milch**
- **1 Prise Salz**
- **50 g Zucker**
- **1 Pck. Geriebene Zitronenschale**
- **75 g Milchreis**
- **3 Blatt weiße Gelatine**
- **400 ml Schlagsahne**
- **1 Msp. gemahlener Zimt**

- **etwa 100 ml Schlagsahne**
- **1 Apfel, z. B. Elstar**
- **1 EL Zitronensaft**
- **50 g Halbbitter-Kuvertüre**

1 Für den Rührteig Butter mit Handrührgerät mit Rührbesen auf höchster Stufe geschmeidig rühren. Nach und nach Zucker und Vanille-Zucker unterrühren, so lange rühren, bis eine gebundene Masse entstanden ist. Eier nach und nach unterrühren (jedes Ei etwa 1/2 Minute).

2 Mehl, Speisestärke und Backpulver mischen, sieben und portionsweise auf mittlerer Stufe unterrühren. Die aufgelöste Kuvertüre hinzufügen und unterrühren.

3 Einen eckigen Backrahmen (27 x 27 cm) auf ein mit Backpapier belegtes Backblech stellen, den Teig einfüllen und glattstreichen. Das Backblech in den Backofen schieben.

**Ober-/Unterhitze: etwa 180 °C (vorgeheizt)**
**Heißluft: etwa 160 °C (vorgeheizt)**
**Gas: etwa Stufe 3 (vorgeheizt)**
**Backzeit: 15–20 Min.**

4 Den Backrahmen entfernen, das Gebäck mit Papier auf einen Kuchenrost ziehen und erkalten lassen. Kuchen vom Papier lösen und einmal waagerecht durchschneiden. Den gesäuberten Rahmen wieder um den unteren Boden stellen.

5 Für die Füllung Äpfel schälen, vierteln, entkernen, in Spalten schneiden und in etwas Wasser kurz dünsten. Die Äpfel erkalten lassen.

6 Die Milch mit Salz, Zucker und Zitronenschale zum Kochen bringen. Milchreis unter Rühren einstreuen, kurz aufkochen und 40 Minuten ausquellen lassen. Gelatine nach Packungsaufschrift einweichen, ausdrücken und unter den heißen Milchreis rühren. Die Masse erkalten lassen.

7 Sahne steif schlagen und mit Zimt und den gedünsteten Apfelspalten unterheben. Die Hälfte der Masse auf dem unteren Boden glattstreichen, den oberen Boden darauf legen und die restliche Reismasse darauf glattstreichen. Die Torte etwa 2 Stunden kalt stellen. Den Backrahmen lösen.

8 Sahne steif schlagen und Tortenrand und -oberfläche damit bestreichen. Apfel waschen, vierteln, entkernen, in Spalten schneiden und mit Zitronensaft bestreichen. Die Apfelspalten flach auf ein Stück Backpapier legen, mit aufgelöster Kuvertüre besprenkeln und auf die Torte legen.

# Erdbeertorte mit Weincreme

**Zubereitungszeit: 60 Min.**
**Backzeit: etwa 15 Min. für den Knetteigboden 20–25 Min. pro Brandteigboden**

**Insgesamt:**
**E: 78 g, F: 306 g, Kh: 425 g, kJ: 20992, kcal: 5014**

Für den Knetteig:
- **150 g Weizenmehl**
- **40 g Zucker**
- **1 Pck. Vanillin-Zucker**
- **100 g Butter**

Für den Brandteig:
- **125 ml (1/8 l) Wasser**
- **25 g Butter oder Margarine**
- **75 g Weizenmehl**
- **15 g Speisestärke**
- **2–3 Eier (Größe M)**
- **1 Msp. Backpulver**

Für die Füllung:
- **500 ml (1/2 l) Schlagsahne**
- **2 Pck. Weißwein-Creme**
- **500 g Erdbeeren**
- **1 Pck. Sahnesteif**
- **1 gestr. EL gesiebter Puderzucker**
- **2 EL Erdbeerkonfitüre**

Zum Garnieren:
- **50 g weiße Kuvertüre**
- **10 g gehackte Pistazienkerne**

1 Aus Mehl, Zucker, Vanillin-Zucker und Butter einen Knetteig zubereiten (genauere Anleitung siehe Seite 26).

2 Den Teig auf dem Boden einer Springform (Ø 28 cm, Boden gefettet) ausrollen und mehrmals mit einer Gabel einstechen. Den Springformrand darumlegen. Die Form auf dem Rost in den Backofen schieben.

**Ober-/Unterhitze: 200–220 °C (vorgeheizt)**
**Heißluft: 160–180 °C (vorgeheizt)**
**Gas: Stufe 3–4 (vorgeheizt)**
**Backzeit: etwa 15 Min.**

3 Sofort nach dem Backen das Gebäck vom Springformboden lösen, aber darauf erkalten lassen.

4 Für den Brandteig Wasser und Fett am besten in einem Stieltopf zum Kochen bringen.

5 Mehl mit Speisestärke mischen, sieben und auf einmal in die von der Kochstelle genommene Flüssigkeit schütten. Zu einem glatten Kloß rühren und unter Rühren etwa 1 Minute erhitzen. Den heißen Kloß sofort in eine Rührschüssel geben.

6 Nach und nach Eier mit Handrührgerät mit Knethaken auf höchster Stufe unterarbeiten. Eine weitere Eizugabe erübrigt sich, wenn der Teig stark glänzt und so vom Löffel abreißt, daß lange Spitzen hängenbleiben.

7 Backpulver in den erkalteten Teig arbeiten. Aus dem Teig 3 Böden backen, dazu jeweils 1/3 des Teiges auf einen Springformboden (Ø 28 cm, Boden gefettet, mit Mehl bestäubt) streichen (darauf achten, daß die Teiglage am Rand nicht zu dünn ist und jeden Boden ohne Springformrand 20–25 Minuten bei der oben angegebenen Temperatur backen, bis er hellbraun ist.

8 Sofort nach dem Backen den Boden vom Springformboden lösen und einzeln auf einem Kuchenrost erkalten lassen.

9 Für die Füllung die Hälfte der Sahne steif schlagen. Die Weißwein-Creme mit steifgeschlagener Sahne und Weißwein (ist in der Packung) nach Packungsaufschrift zubereiten.

10 Erdbeeren waschen, abtropfen lassen, entstielen und halbieren. Restliche Sahne mit Sahnesteif und Puderzucker steif schlagen.

(Fortsetzung Seite 18)

**11** Den Knetteigboden mit Erdbeerkonfitüre bestreichen und mit einem Brandteigboden bedecken. Diesen zunächst mit der Hälfte der Weißwein-Creme bestreichen, mit der Hälfte der Erdbeeren belegen, darauf die Hälfte der Sahne streichen.

**12** Den zweiten Brandteigboden darauf legen, mit der restlichen Weißwein-Creme bestreichen und mit den restlichen Erdbeeren belegen.

**13** Kuvertüre in einem kleinen Topf im Wasserbad bei schwacher Hitze geschmeidig rühren. Den dritten Boden in Stücke brechen, mit der Kuvertüre besprenkeln und mit Pistazienkernen bestreuen. Die Stücke zwischen die Erdbeeren stecken. Die restliche Sahne in einen Spritzbeutel mit Sterntülle füllen und die Torte damit verzieren.

# Küsschen-Torte

***Zubereitungszeit: 40 Min., ohne Kühlzeit***
***Backzeit: 15–20 Min.***

***Insgesamt:***
***E: 54 g, F: 184 g, Kh: 319 g, kJ: 13555, kcal: 3240***

Für den Biskuitteig:
- **3 Eiweiß (Größe M)**
- **100 g Zucker**
- **3 Eigelb (Größe M)**
- **1 Pck. Vanillin-Zucker**
- **50 g Weizenmehl**
- **40 g Speisestärke**
- **1/2 gestr. TL Backpulver**
- **1 geh. TL Kakaopulver**

Für den Belag:
- **300 g gemischte TK-Beerenfrüchte**
- **50 g gesiebter Puderzucker**
- **1 Pck. Tortenguß, klar**
- **3 Blatt weiße Gelatine**
- **400 ml Schlagsahne**
- **10 Stück (etwa 100 g) Schoko-Haselnuß-Konfekt**

**1** Für den Biskuitteig Eiweiß mit der Hälfte des Zuckers steif schlagen. Eigelb mit dem restlichen Zucker und Vanillin-Zucker mit Handrührgerät mit Rührbesen etwa 5 Minuten schaumig schlagen. Das steifgeschlagene Eiweiß darauf geben, vorsichtig unterheben.

**2** Mehl, Speisestärke, Backpulver und Kakao mischen, sieben und vorsichtig unter die Eimasse rühren. Den Teig in eine Springform (Ø 26 cm, Boden gefettet, mit Backpapier belegt) füllen. Die Form auf dem Rost in den Backofen schieben und sofort backen.

Ober-/Unterhitze: etwa 180 °C (vorgeheizt)
Heißluft: –
Gas: Stufe 3–4 (vorgeheizt)
Backzeit: 15–20 Min.

**3** Den Boden aus der Form lösen, auf einen Kuchenrost stürzen, das Backpapier abziehen und den Boden erkalten lassen. Einen Tortenring um den erkalteten Boden stellen.

**4** Für den Belag die Beerenfrüchte mit dem Puderzucker bestreuen und auftauen lassen. Den Saft dabei auffangen und mit Wasser auf 250 ml (1/4 l) auffüllen. Den Tortenguß mit dem Saft nach Packungsaufschrift (aber ohne Zucker) zubereiten. Die Beeren vorsichtig unterheben, auf dem Tortenboden verteilen und erkalten lassen.

**5** Gelatine nach Packungsaufschrift einweichen. Sahne steif schlagen. Das Konfekt kleinhacken. Die Gelatine ausdrücken, auflösen und mit dem zerkleinerten Konfekt unter die Sahne rühren. Die Sahnemasse auf den Beeren verteilen und glattstreichen. Die Tortenoberfläche nach Belieben mit Hilfe einer Gabel oder eines Tortenkammes verzieren. Die Torte etwa 2 Stunden kalt stellen.

# Schoko-Himbeer-Kuppel

**Zubereitungszeit: 65 Min., ohne Kühlzeit**
**Backzeit: etwa 20 Min.**

**Insgesamt:**
**E: 58 g, F: 243 g, Kh: 262 g, kJ: 15290, kcal: 2654**

Für den All-in-Teig:
- **50 g Weizenmehl**
- **15 g Speisestärke**
- **1 Msp. Backpulver**
- **75 g Zucker**
- **1 Pck. Vanillin-Zucker**
- **1 TL Kakaopulver**
- **20 g geriebene Zartbitterschokolade**
- **1 Ei (Größe M)**
- **50 g Butter oder Margarine**

Für den Belag:
- **300 g Himbeeren**
- **4 Blatt weiße Gelatine**
- **3 EL Amaretto**
- **250 g Mascarpone (italienischer Frischkäse)**
- **125 g Magerquark**
- **50 g Zucker**
- **abgeriebene Schale von 1/2 Zitrone (unbehandelt)**
- **250 ml (1/4 l) Schlagsahne**

Zum Garnieren:
- **15 g Amarettini**
- **Zitronenmelisseblättchen**
- **1–2 TL geriebene Zartbitterschokolade**

**1** Für den All-in-Teig Mehl, Speisestärke und Backpulver mischen und in eine Rührschüssel sieben. Die übrigen Zutaten hinzufügen und alles mit Handrührgerät mit Rührbesen zunächst auf niedrigster, dann auf höchster Stufe in etwa 2 Minuten zu einem glatten Teig verarbeiten.

**2** Den Teig in eine Springform (Ø 20 cm, Boden gefettet, mit Backpapier belegt) füllen und glattstreichen. Die Form auf dem Rost in den Backofen schieben.

**Ober-/Unterhitze: etwa 180 °C (vorgeheizt)**
**Heißluft: etwa 160 °C (vorgeheizt)**
**Gas: etwa Stufe 2 (vorgeheizt)**
**Backzeit: etwa 20 Min.**

**3** Den Boden aus der Form lösen, auf einen mit Backpapier belegten Kuchenrost stürzen, das mitgebackene Backpapier abziehen und den Boden erkalten lassen.

**4** Für den Belag Himbeeren putzen (nicht waschen), einige schöne Früchte zum Garnieren heraussuchen, 1/3 der Himbeeren zunächst beiseite stellen. Gelatine nach Packungsaufschrift einweichen.

**5** Die restlichen Himbeeren mit Amaretto pürieren, durch ein Sieb streichen und mit Mascarpone, Quark, Zucker und Zitronenschale zu einer glatten Creme verrühren. Gelatine ausdrücken, auflösen, mit etwas Creme verrühren und die Mischung unter die restliche Creme rühren. Sahne steif schlagen.

**6** Die Hälfte der Sahne und die beiseite gestellten Himbeeren unter die Creme heben. Die Creme in eine runde Schüssel (Ø etwa 20 cm) füllen, den Boden darauf legen und leicht andrücken. Das Ganze etwa 4 Stunden kalt stellen. Die restliche Sahne in einen Spritzbeutel mit Sterntülle füllen und kalt stellen.

**7** Die Schüssel bis knapp zum Rand kurz in heißes Wasser tauchen und auf eine Tortenplatte stürzen. Sahne in Form einer Girlande auf die Torte spritzen. Die Torte mit Himbeeren, Amarettini, Zitronenmelisseblättchen und Schokolade garnieren.

**Tips:**
Die Torte kann auch am Vortag zubereitet und kalt gestellt werden. Erst kurz vor dem Servieren garnieren. Bei Verwendung von TK-Himbeeren die Früchte gründlich abtropfen lassen, da sie sehr stark saften und in der Creme ausfärben können.

# Nuss-Nougatcreme-Torte

**Zubereitungszeit: 50 Min., ohne Kühlzeit**
**Backzeit: 35–40 Min.**

**Insgesamt:**
**E: 99 g, F: 217 g, Kh: 529 g, kJ: 19364, kcal: 4625**

- **1 Glas Sauerkirschen (370 g Abtropfgewicht)**

Für den Rührteig:
- **125 g Butter oder Margarine**
- **125 g Zucker**
- **1 Pck. Vanillin-Zucker**
- **3 Eier (Größe M)**
- **250 g Weizenmehl**
- **2 gestr. TL Backpulver**
- **3 EL Nuß-Nougatcreme**
- **1 EL Milch**

Für den Belag:
- **3 Blatt weiße Gelatine**
- **250 g Magerquark**
- **50 g Zucker**
- **2 Pck. Vanillin-Zucker**
- **250 ml (1/4 l) Schlagsahne**

Für den Guß:
- **1 Pck. Tortenguß, klar**
- **250 ml (1/4 l) Kirschsaft**

**1** Die Sauerkirschen auf einem Sieb abtropfen lassen, den Saft dabei auffangen und 250 ml (1/4 l) abmessen.

**2** Für den Rührteig Butter oder Margarine mit Handrührgerät mit Rührbesen auf höchster Stufe geschmeidig rühren. Nach und nach Zucker und Vanillin-Zucker unterrühren, so lange rühren, bis eine gebundene Masse entstanden ist. Eier nach und nach unterrühren (jedes Ei etwa 1/2 Minute).

**3** Mehl mit Backpulver mischen, sieben und portionsweise auf mittlerer Stufe unterrühren. 2/3 des Teiges in eine Springform (Ø 26 cm, Boden gefettet) füllen. Die Sauerkirschen darauf verteilen, dabei etwa 1 cm am Rand frei lassen.

**4** Das restliche Teigdrittel mit Nuß-Nougatcreme und Milch verrühren, auf die Kirschen geben und glattstreichen. Die Form auf dem Rost in den Backofen schieben.

**Ober-/Unterhitze: etwa 180 °C (vorgeheizt)**
**Heißluft: etwa 160 °C (nicht vorgeheizt)**
**Gas: Stufe 3–4 (nicht vorgeheizt)**
**Backzeit: 35–40 Min.**

**5** Den Boden aus der Form lösen und auf einem Kuchenrost erkalten lassen.

**6** Für den Belag Gelatine nach Packungsaufschrift einweichen. Quark mit Zucker und Vanillin-Zucker verrühren. Die Gelatine ausdrücken, auflösen und unter die Quarkmasse rühren.

**7** Sahne steif schlagen und vorsichtig unter die Quarkmasse rühren. Die Sahne-Quark-Masse leicht kuppelartig auf den Boden streichen. Die Torte etwa 60 Minuten kalt stellen.

**8** Für den Guß Tortenguß mit dem Kirschsaft nach Packungsaufschrift zubereiten, nach und nach portionsweise auf der Quark-Sahne-Masse verteilen, dabei die untere Schicht vor dem Auftragen der nächsten kurz anziehen lassen.

**Tips:**
Anstelle der Nuß-Nougatcreme kann auch aufgelöstes Nuß-Nougat verwendet werden. Nach Belieben mit dem breiten Ende einer Spritztülle Ringe in die fest gewordene Quark-Sahne-Masse drücken und erst dann den Guß darauf verteilen.

# Erdbeer-Rhabarber-Herz

**Zubereitungszeit: 65 Min., ohne Kühlzeit**
**Backzeit: etwa 45 Min.**

**Insgesamt:**
**E: 56 g, F: 273 g, Kh: 380 g, kJ: 18068, kcal: 4318**

Für den Rührteig:

- **125 g weiches Butterschmalz**
- **100 g Zucker**
- **2 Pck. Vanillin-Zucker**
- **1 Prise Salz**
- **5 Tropfen Bittermandel-Aroma**
- **3 Eier (Größe M)**
- **100 g Weizenmehl**
- **1 Pck. Pudding-Pulver Vanille-Geschmack**
- **2 TL Backpulver**
- **2–4 EL Milch**

Für die Füllung:

- **250 g Rhabarber**
- **400 g Erdbeeren**
- **8 Blatt weiße Gelatine**
- **100 ml Wasser**
- **100 g Zucker**
- **400 ml Schlagsahne**

- **2–3 Zweige Zitronenmelisse**

**1** Für den Rührteig Butterschmalz mit Handrührgerät mit Rührbesen auf höchster Stufe geschmeidig rühren. Nach und nach Zucker, Vanillin-Zucker, Salz und Bittermandel-Aroma unterrühren, so lange rühren, bis eine gebundene Masse entstanden ist. Eier nach und nach unterrühren (jedes Ei etwa $^1/_2$ Minute).

**2** Mehl mit Pudding-Pulver und Backpulver mischen, sieben und abwechselnd portionsweise mit Milch auf mittlerer Stufe unterrühren (nur so viel Milch verwenden, daß der Teig schwer-reißend von einem Löffel fällt).

**3** Den Teig in eine gefettete, leicht bemehlte Herz-Backform (etwa 1 l Inhalt) füllen. Die Form auf dem Rost in den Backofen schieben.

**Ober-/Unterhitze: etwa 180 °C (vorgeheizt)**
**Heißluft: etwa 160 °C (nicht vorgeheizt)**
**Gas: etwa Stufe 3 (nicht vorgeheizt)**
**Backzeit: etwa 45 Min.**

**4** Das Gebäck etwa 10 Minuten in der Form ruhen lassen. Anschließend auf einen Kuchenrost stürzen und erkalten lassen.

**5** Für die Füllung Rhabarber putzen, waschen und in Stücke schneiden. Die Erdbeeren waschen, entstielen und putzen. Gelatine nach Packungsaufschrift einweichen. Rhabarber mit Wasser und Zucker etwa 6 Minuten dünsten und pürieren. Gelatine gut ausdrücken, unter das heiße Rhabarberpüree rühren und etwas abkühlen lassen.

**6** Sahne steif schlagen. 250 g von den Erdbeeren pürieren, zum Rhabarber geben und verrühren. Sobald die Creme beginnt dicklich zu werden, $^2/_3$ der steif geschlagenen Sahne unterheben. Die restliche Sahne in einen Spritzbeutel mit Sterntülle füllen und kalt stellen.

**7** Das Gebäckherz einmal waagerecht durchschneiden. Gut $^1/_3$ der Creme auf den unteren Boden streichen. Den oberen Boden darauf legen. Mit der restlichen Creme das Herz rundherum bestreichen. Das Herz etwa 60 Minuten kalt stellen.

**8** Das Erdbeer-Rhababer-Herz mit der Sahne aus dem Spritzbeutel verzieren. Die restlichen Erdbeeren halbieren oder in Scheiben schneiden. Das Herz mit Erdbeeren und Melisseblättchen garnieren.

# Tränchentorte

***Zubereitungszeit: 50 Min.***
***Backzeit: etwa 70 Min.***

***Insgesamt:***
***E: 118 g, F: 176 g, Kh: 574 g, kJ: 18810, kcal: 4491***

mindestens 250 g Mehl einrechnen

Für den Knetteig:

- **150 g Weizenmehl**
- **1 gestr. TL Backpulver**
- **75 g Zucker**
- **1 Pck. Vanillin-Zucker**
- **1 Ei (Größe M)**
- **50 g Butter**

Für den Belag:

- **1 Dose Mandarinen (Abtropfgewicht 285 g)**
- **500 g Magerquark**
- **150 g Zucker**
- **1 Pck. Vanillin-Zucker**
- **3 Eigelb (Größe M)**
- **1 Pck. Pudding-Pulver Vanille-Geschmack**
- **100 ml Speiseöl**
- **3 TL Zitronensaft**
- **250 ml (1/4 l) Milch**

Für die Baisermasse:

- **3 Eiweiß (Größe M)**
- **100 g feinkörniger Zucker**

**1** Für den Knetteig Mehl und Backpulver mischen und in eine Rührschüssel sieben. Zucker, Vanillin-Zucker, Ei und Butter hinzufügen. Die Zutaten mit Handrührgerät mit Knethaken zunächst kurz auf niedrigster, dann auf höchster Stufe gut durcharbeiten.

**2** Anschließend auf der bemehlten Arbeitsfläche zu einem glatten Teig verkneten, sollte er kleben, ihn eine Zeitlang kalt stellen. 2/3 des Teiges auf dem gefetteten Boden einer Springform (Ø 26 cm) ausrollen und mehrmals mit einer Gabel einstechen.

**3** Den Springformrand um den Boden legen. Den Rest des Teiges zu einer Rolle formen, sie als Rand auf den Boden legen und so an die Form drücken, daß ein etwa 3 cm hoher Rand entsteht.

**4** Für den Belag Mandarinen auf einem Sieb gut abtropfen lassen. Quark, Zucker, Vanillin-Zucker, Eigelb, Pudding-Pulver, Öl, Zitronensaft und Milch verrühren. Die abgetropften Mandarinen unter die Quarkmasse heben, in die Springform füllen und glattstreichen. Die Form auf dem Rost in den Backofen schieben.

**Ober-/Unterhitze: etwa 180 °C (vorgeheizt)**
**Heißluft: etwa 160 °C (nicht vorgeheizt)**
**Gas: etwa Stufe 3 (nicht vorgeheizt)**
**Backzeit: etwa 60 Min.**

**5** Für die Baisermasse Eiweiß mit Zucker steif schlagen. Die Torte nach Beendigung der Backzeit aus dem Backofen nehmen, die Baisermasse darauf streichen und die Torte auf der oberen Einschubleiste noch etwa 10 Minuten bei der oben angegebenen Temperatur backen, bis die Baisermasse Farbe angenommen hat.

**6** Die Torte aus der Form lösen und auf einem Kuchenrost erkalten lassen. Die »Tränchen« bilden sich erst, wenn die Torte richtig ausgekühlt ist.

**Tip:**
Anstelle der Mandarinen Aprikosen verwenden. Dazu den Inhalt einer kleinen Dose auf einem Sieb abtropfen lassen und klein schneiden.

# Valencia-Torte

***Zubereitungszeit: 60 Min., ohne Kühlzeit***
***Backzeit: 70–80 Min.***

***Insgesamt:***
***E: 80 g, F: 298 g, Kh: 301 g, kJ: 18362, kcal: 4389***

Für den Knetteig:

- **125 g Weizenmehl**
- **1 EL Zucker**
- **1 Pck. Vanillin-Zucker**
- **1/2 Pck. Orangenfrucht**
- **1 Eigelb (Größe M)**
- **75 g Butter**

Für das Mandelbaiser:

- **2 Eiweiß (Größe M)**
- **75 g gesiebter Puderzucker**
- **100 g unabgezogene, gemahlene Mandeln**

Für die Füllung:

- **3 Blatt weiße Gelatine**
- **2 Eier (Größe M)**
- **1 Eigelb (Größe M)**
- **50 g Zucker**
- **100 ml Orangensaft**
- **1/2 Pck. Orangenfrucht**
- **40 g weiche Butter**
- **200 ml Schlagsahne**

- **3 Blatt weiße Gelatine**
- **200 ml Orangensaft**
- **200 ml Schlagsahne**
- **1 Pck. Sahnesteif**
- **einige Orangenfilets**

**1** Für den Knetteig Mehl in eine Rührschüssel sieben. Restliche Zutaten hinzufügen und mit Handrührgerät mit Knethaken zunächst kurz auf niedrigster, dann auf höchster Stufe gut durcharbeiten.

**2** Anschließend auf einer bemehlten Arbeitsfläche zu einem glatten Teig verkneten. Sollte er kleben, ihn eine Zeitlang kalt stellen. Teig auf einem gefetteten Springformboden (Ø 22 cm) ausrollen, mit einer Gabel mehrmals einstechen. Den Springformrand darumlegen.

**Ober-/Unterhitze: etwa 200 °C (vorgeheizt)**
**Heißluft: etwa 180 °C (vorgeheizt)**
**Gas: Stufe 3–4 (vorgeheizt)**
**Backzeit: etwa 20 Min.**

**3** Den Boden sofort nach dem Backen lösen, aber erst nach dem Erkalten auf eine Tortenplatte legen. Einen Tortenring darumlegen.

**4** Für das Mandelbaiser Eiweiß steif schlagen. Puderzucker nach und nach unterschlagen. Mandeln vorsichtig unterheben. Die Baisermasse in eine Springform (Ø 22 cm, Boden gefettet, mit Backpapier belegt) füllen und glattstreichen.

**Ober-/Unterhitze: etwa 160 °C (vorgeheizt)**
**Heißluft: etwa 140 °C (nicht vorgeheizt)**
**Gas: Stufe 2–3 (nicht vorgeheizt)**
**Backzeit: 50–60 Min.**

**5** Den Baiserboden vom Springformrand lösen, in der Form erkalten lassen und dann mit einem Messer vom Backpapier lösen.

**6** Für die Füllung Gelatine nach Packungsaufschrift einweichen. Eier, Eigelb, Zucker, Orangensaft und Orangenfrucht unter Rühren erhitzen, bis die Masse dicklich wird. Die ausgedrückte Gelatine darin auflösen. Butter unterrühren und die Creme erkalten lassen. Sobald sie anfängt, dicklich zu werden, steifgeschlagene Sahne unterziehen.

**7** 2/3 der Creme auf den Knetteigboden streichen. Baiserboden darauf legen, mit restlicher Creme bestreichen. 2 Stunden kalt stellen.

**8** Gelatine nach Packungsaufschrift einweichen, auflösen, mit Orangensaft verrühren und einige Minuten stehen lassen. Auf die Torte geben und fest werden lassen.

**9** Sahne mit Sahnesteif steif schlagen. Tortenring lösen, Tortenrand mit 2/3 der Sahne bestreichen. Torte mit der restlichen Sahne und mit Orangenfilets dekorieren.

# Hits für Kids

Hier sind die neuen und peppigen Rezepte, die nicht nur auf Kindergeburtstagen ein großes Hallo auslösen werden.

## Ü-Eier-Kranz

*Zubereitungszeit: 45 Min.*
*Backzeit: 35–40 Min.*

*Insgesamt:*
*E: 68 g, F: 323 g, Kh: 496 g, kJ: 22220, kcal: 5307*

Für den Rührteig:
- **100 g Butter oder Margarine**
- **150 g Zucker**
- **1 Pck. Vanillin-Zucker**
- **3 Eier (Größe M)**
- **150 g Weizenmehl**
- **50 g Speisestärke**
- **1 gestr. TL Backpulver**

Für die Füllung:
- **1 Pck. Pudding-Pulver**
- **Vanille-Geschmack**
- **50 g Zucker**
- **500 ml (1/2 l) Milch**
- **Schokolade von 4 Ü-Eiern**
- **200 g Butter**

- **6 Ü-Eier-Schokolade-Hälften**
- **geriebene Schokolade**

**1** Für den Rührteig Butter oder Margarine mit Handrührgerät mit Rührbesen auf höchster Stufe geschmeidig rühren. Nach und nach Zucker und Vanillin-Zucker unterrühren, so lange rühren, bis eine gebundene Masse entstanden ist. Eier nach und nach unterrühren (jedes Ei etwa 1/2 Minute).

**2** Mehl, Speisestärke und Backpulver mischen, sieben und auf mittlerer Stufe unterrühren. Den Teig in eine gefettete Kranzform (Ø 20 cm) geben. Die Form auf dem Rost in den Backofen schieben.

Ober-/Unterhitze: etwa 180 °C (vorgeheizt)
Heißluft: etwa 160 °C (nicht vorgeheizt)
Gas: etwa Stufe 3 (nicht vorgeheizt)
Backzeit: 35–40 Min.

**3** Den Kranz etwa 10 Minuten in der Form stehen lassen, dann auf einen Kuchenrost stürzen und erkalten lassen. Den erkalteten Kranz zweimal waagerecht durchschneiden.

(Fortsetzung Seite 32)

**4** Für die Füllung aus Pudding-Pulver, Zucker und Milch nach Packungsaufschrift einen Pudding zubereiten. Schokolade zerkleinern und in dem heißen Pudding auflösen. Pudding sofort mit Klarsichtfolie bedecken und erkalten lassen.

**5** Butter geschmeidig rühren und den Pudding eßlöffelweise daruntergeben. Den Kranz mit der Buttercreme füllen und bestreichen (2 Eßlöffel der Creme in einen Spritzbeutel mit Lochtülle füllen).

**6** Den Ü-Eier-Kranz mit der zurückgelassenen Buttercreme aus dem Spritzbeutel verzieren, mit den Ü-Eier-Hälften garnieren und mit geriebener Schokolade bestreut servieren.

# Cini-Mini-Torte

***Zubereitungszeit: 45 Min., ohne Kühlzeit***

***Insgesamt:***
***E: 46 g, F: 267 g, Kh: 335 g, kJ: 17081, kcal: 4083***

Für den Boden:

- **150 g Cini-Minis**
- **(Zimt-Flakes)**
- **150 g Butter**

Für die Creme:

- **1 Glas Sauerkirschen (Abtropfgewicht 370 g)**
- **6 Blatt weiße Gelatine**
- **500 g Vollmilchjoghurt**
- **Saft einer Zitrone**
- **50 g Zucker**
- **1 Pck. Vanillin-Zucker**
- **200 ml Schlagsahne**

- **200 ml Schlagsahne**
- **1 Pck. Sahnesteif**
- **2 EL Cini-Minis (Zimt-Flakes)**

**1** Die Cini-Minis in einen Gefrierbeutel füllen, den Beutel verschließen, mit einer Teigrolle fein zerdrücken und in eine Schüssel geben. Die Butter zerlassen, zu den Bröseln geben und gut verrühren.

**2** Einen eckigen Backrahmen (21 x 23 cm) auf eine Tortenplatte stellen (oder Boden und Rand einer rechteckigen Auflaufform in der angegebenen Größe mit Backpapier auslegen). Die Masse einfüllen, verteilen und fest andrücken.

**3** Für die Creme Sauerkirschen auf einem Sieb abtropfen lassen. Gelatine nach Packungsaufschrift einweichen. Joghurt mit Zitronensaft, Zucker und Vanillin-Zucker verrühren. Die Gelatine ausdrücken, auflösen und unter den Joghurt rühren.

**4** Die abgetropften Sauerkirschen unter die Joghurtmasse heben. Sobald die Masse anfängt dicklich zu werden, Sahne steif schlagen und unterheben. Die Joghurt-Kirsch-Creme auf den Boden geben und glattstreichen.
Die Torte etwa 3 Stunden kalt stellen.

**5** Den Backrahmen entfernen (oder die Torte aus der Form lösen und das Backpapier entfernen). Sahne mit Sahnesteif steif schlagen und in einen Spritzbeutel mit runder Tülle füllen. Die Torte damit verzieren und mit Cini-Minis garnieren.

**■ Tips:**
Nach Belieben können anstelle der Sauerkirschen auch andere Obstarten verwendet werden. Die Torte kann auch in einer Springform (Ø 24 cm) zubereitet werden.

# Muffinstorte

**Zubereitungszeit: 40 Min., ohne Kühlzeit**
**Backzeit: 30–35 Min.**

**Insgesamt:**
**E: 53 g, F: 294 g, Kh: 400 g, kJ: 19235, kcal: 4596**

Für den Rührteig:
- **125 ml (1/8 l) Speiseöl**
- **125 g Zucker**
- **1 Pck. Vanillin-Zucker**
- **1 Prise Salz**
- **1 Pck. Orangenfrucht**
- **1 Ei (Größe M)**
- **225 g Weizenmehl**
- **2 gestr. TL Backpulver**
- **125 ml (1/8 l) Milch**

- **etwa 2 EL Heidelbeer-konfitüre**

Für die Füllung:
- **6 Blatt weiße Gelatine**
- **500 ml (1/2 l) Schlag-sahne**
- **1 Pck. Vanillin-Zucker**
- **2 EL Zitronensaft**
- **2–3 EL Heidelbeer-konfitüre**

**1** Für den Rührteig Speiseöl in eine Rührschüssel geben. Nach und nach Zucker, Vanillin-Zucker, Salz und Orangenfrucht mit Handrührgerät mit Rührbesen unterrühren, so lange rühren, bis eine gebundene Masse entstanden ist. Das Ei unterrühren (etwa 1/2 Minute).

**2** Mehl mit Backpulver mischen, sieben und abwechselnd portionsweise mit Milch auf mittlerer Stufe unterrühren.

**3** Gut die Hälfte des Teiges in eine Springform (Ø 24 cm, Boden gefettet) füllen und glattstreichen. Die Form auf dem Rost in den Backofen schieben.

**Ober-/Unterhitze: etwa 200 °C (vorgeheizt)**
**Heißluft: etwa 180 °C (vorgeheizt)**
**Gas: etwa Stufe 4 (vorgeheizt)**
**Backzeit: 15–20 Min.**

**4** Den Boden aus der Form lösen und auf einem Kuchenrost erkalten lassen. Den erkalteten Boden auf eine Tortenplatte legen und einen Tortenring oder den gesäuberten Springformrand (evtl. mit Backpapier ausgelegt) darumlegen.

**5** Den restlichen Teig in 10 Papierbackförmchen füllen und die Heidelbeerkonfitüre darauf verteilen. Die Förmchen auf dem Backblech in den Backofen schieben und bei der oben angegebenen Temperatur etwa 15 Minuten backen.

**6** Für die Füllung Gelatine nach Packungsaufschrift einweichen. Sahne fast steif schlagen. Gelatine ausdrücken, auflösen, mit Vanillin-Zucker und Zitronensaft unter die Sahne rühren und die Sahne vollkommen steif schlagen. Die Hälfte der Sahne in einen Spritzbeutel mit gezackter Tülle füllen. Die Heidelbeerkonfitüre vorsichtig unter die restliche Sahne heben, auf den Boden geben und glattstreichen.

**7** 10 große Sahneringe auf die Torte spritzen. Die Muffinstörtchen aus dem Papier lösen, in die Sahneringe setzen und etwas andrücken. Die Torte mit der restlichen Sahne verzieren. Die Torte etwa 2 Stunden kalt stellen.

**Tip:**
Damit die Muffins beim Backen nicht zu sehr auseinanderlaufen, jeweils 2 Papierbackförmchen ineinanderstellen oder sie in einem Muffins-Backblech backen.

# Cefrischtorte

**Zubereitungszeit: 40 Min., ohne Kühlzeit**
**Backzeit: 20–25 Min.**

**Insgesamt:**
**E: 71 g, F: 372 g, Kh: 514 g, kJ: 24489, kcal: 5854**

Für den Rührteig:
- **125 g Butter oder Margarine**
- **125 g Zucker**
- **1 Pck. Vanillin-Zucker**
- **3 Eier (Größe M)**
- **125 g Weizenmehl**
- **1 gestr. TL Backpulver**
- **Semmelbrösel**

Für die Füllung:
- **6 Blatt weiße Gelatine**
- **300 g Schmand (Sauerrahm)**
- **100 g Zucker**
- **2 Pck. Vanillin-Zucker**
- **1 Pck. Instant-Getränkepulver Orange-Geschmack (100 g für 750 ml)**
- **500 ml (1/2 l) Schlagsahne**

Für den Belag:
- **Obst nach Wahl, z. B. Mandarinen (aus der Dose), Weintrauben, Melone, Orangen**
- **3 Blatt weiße Gelatine**
- **250 ml (1/4 l) klarer Apfelsaft**

1 Für den Rührteig Butter oder Margarine mit Handrührgerät mit Rührbesen auf höchster Stufe geschmeidig rühren. Nach und nach Zucker und Vanillin-Zucker unterrühren, so lange rühren, bis eine gebundene Masse entstanden ist. Eier nach und nach unterrühren (jedes Ei etwa 1/2 Minute).

2 Mehl mit Backpulver mischen, sieben und portionsweise auf mittlerer Stufe unterrühren. Den Teig in eine gefettete, mit Semmelbröseln ausgestreute Obstbodenform (Ø 28 cm) füllen und glattstreichen. Die Form auf dem Rost in den Backofen schieben.

**Ober-/Unterhitze: etwa 180 °C (vorgeheizt)**
**Heißluft: etwa 160 °C (vorgeheizt)**
**Gas: etwa Stufe 3 (vorgeheizt)**
**Backzeit: 20–25 Min.**

3 Den Tortenboden auf einen Kuchenrost stürzen und erkalten lassen. Dann einen Tortenring um den Boden legen.

4 Für die Füllung Gelatine nach Packungsaufschrift einweichen. Schmand mit Zucker, Vanillin-Zucker und Getränkepulver verrühren. Gelatine ausdrücken, auflösen und unterrühren.

5 Wenn die Masse anfängt dicklich zu werden, Sahne steif schlagen und vorsichtig unterheben. Die Masse auf den vorbereiteten Boden geben und glattstreichen. Die Torte 2–3 Stunden im Kühlschrank fest werden lassen.

6 Für den Belag das Obst vorbereiten: Mandarinen auf einem Sieb abtropfen lassen, Weintrauben waschen, abtrocknen, halbieren und nach Belieben entkernen, Melonenkugeln ausstechen, Orangen filetieren. Die Torte mit dem Obst garnieren.

7 Gelatine nach Packungsaufschrift einweichen, ausdrücken, auflösen, mit dem Apfelsaft verrühren und vorsichtig auf dem Obst verteilen. Die Torte nochmals kalt stellen, bis der Guß fest geworden ist.

# Coca-Cola Torte

* Rezept nicht durch Coca-Cola autorisiert.

**Zubereitungszeit: 30 Min., ohne Kühlzeit**
**Backzeit: 60–70 Min.**

**Insgesamt:**
**E: 79 g, F: 284 g, Kh: 914 g, kJ: 27970, kcal: 6679**

Für den Teig:

- **250 g Butter**
- **250 ml (1/4 l) Coca-Cola**
- **300 g Weizenmehl**
- **3 EL Kakaopulver**
- **300 g Zucker**
- **1 Pck. Vanillin-Zucker**
- **2 Eier (Größe M)**
- **125 ml (1/8 l) Buttermilch**
- **1 TL Natron**
- **3 Tassen (etwa 80 g) runde Marshmallows (Schaumzuckerware)**

Für den Guß:

- **250 g Puderzucker**
- **50 g Butter**
- **3 EL Kakaopulver**
- **knapp 100 ml Coca-Cola**
- **75 g Walnußkerne**

1 Für den Teig Butter und Cola verrühren und aufkochen lassen.

2 Mehl und Kakao mischen, in eine Rührschüssel sieben und mit Zucker und Vanillin-Zucker mischen. Die heiße Butter-Cola-Flüssigkeit darauf gießen und alles mit Handrührgerät mit Rührbesen miteinander verrühren.

3 Eier verquirlen und unterrühren. Nacheinander Buttermilch, Natron und Marshmallows unterrühren. Den Teig in eine Springform (Ø 26 cm, Boden gefettet) füllen (der Teig ist sehr flüssig, und die Marshmallows schwimmen obenauf!). Die Form auf dem Rost in den Backofen schieben.

**Ober-/Unterhitze: etwa 180 °C (vorgeheizt)**
**Heißluft: etwa 160 °C (nicht vorgeheizt)**
**Gas: Stufe 3–4 (nicht vorgeheizt)**
**Backzeit: 60–70 Min.**

4 Nach Beendigung der Backzeit mit einem Holzstäbchen in den Boden stechen und prüfen, ob er gar ist. Den garen Boden aus der Form lösen und auf einen Kuchenrost legen.

5 Für den Guß Puderzucker in eine Schüssel sieben. Butter, Kakao und Cola unter Rühren aufkochen lassen, ebenfalls in die Schüssel geben und alles glattrühren. Den Guß über den noch warmen Kuchen geben.

6 Die Walnußkerne grob hacken und auf den Guß streuen. Die Torte bis zum Verzehr einige Zeit kalt stellen.

**Tip:**
Die Springform muß absolut dicht sein, da der Teig sehr flüssig ist. Die Form evtl. mit Alufolie abdichten. Anstelle der Marsmellows kann auch grob zerkleinerter »Mäusespeck« verwendet werden.

# Toffifee-Torte

**Zubereitungszeit: 50 Min.**
**Backzeit: 25–30 Min.**

**Insgesamt:**
**E: 72 g, F: 275 g, Kh: 318 g, kJ: 17428, kcal: 4164**

Für den Biskuitteig:
- **100 g Löffelbiskuits**
- **100 g gemahlene Haselnußkerne**
- **3 Eiweiß (Größe M)**
- **150 g Zucker**
- **3 Eigelb (Größe M)**
- **25 g Weizenmehl**
- **1 gestr. TL Backpulver**

Für die Füllung:
- **5 Blatt weiße Gelatine**
- **10 Toffifees**
- **500 ml (1/2 l) Schlagsahne**
- **1 Pck. Instant-Trinkschokoladen-Pulver (22 g)**

Zum Bestreichen:
- **1 EL Zucker**
- **2 EL Wasser**
- **30 g Aprikosenkonfitüre**

- **14 Toffifees**

**1** Für den Teig Löffelbiskuits in einen Gefrierbeutel geben, den Beutel verschließen und die Löffelbiskuits mit einer Teigrolle zerdrücken. Haselnußkerne in einer Pfanne ohne Fett anrösten.

**2** Eiweiß mit der Hälfte des Zuckers steif schlagen. Eigelb mit dem restlichen Zucker mit Handrührgerät mit Rührbesen etwa 4 Minuten cremig schlagen. Das steifgeschlagene Eiweiß darauf geben und unterheben.

**3** Mehl mit Backpulver mischen, sieben, mit Löffelbiskuitbröseln und Haselnußkernen hinzufügen und vorsichtig unterheben.
Den Teig in eine Springform (Ø 24 cm, Boden gefettet, mit Backpapier belegt) füllen.
Die Form auf dem Rost in den Backofen schieben und sofort backen.

**Ober-/Unterhitze: etwa 170 °C (vorgeheizt)**
**Heißluft: –**
**Gas: Stufe 2–3 (vorgeheizt)**
**Backzeit: 25–30 Min.**

**4** Den Boden aus der Form lösen, auf einen mit Backpapier belegten Kuchenrost stürzen, das mitgebackene Backpapier abziehen und den Boden erkalten lassen. Den erkalteten Boden einmal waagerecht durchschneiden.

**5** Für die Füllung Gelatine nach Packungsaufschrift einweichen. Toffifees fein hacken. Gelatine ausdrücken und auflösen. Die Sahne fast steif schlagen, Gelatinelösung unter Schlagen hinzufügen und die Sahne vollkommen steif schlagen.

**6** Unter die Hälfte der Sahne die Toffifeebrösel rühren, unter die andere Hälfte das Trinkschokoladen-Pulver. Die Schokoladensahne in einen Spritzbeutel mit Sterntülle füllen. Auf den unteren Boden mit der Schokoladensahne von außen einen etwa 3 cm breiten Ring spritzen, die restliche Schokoladensahne zum Verzieren zurücklassen.

**7** Die Mitte des Bodens mit gut 3/4 der Toffifeesahne bestreichen, den oberen Boden darauf legen und gut andrücken.

**8** Zucker mit Wasser unter Rühren zum Kochen bringen, bis sich der Zucker gelöst hat. Aprikosenkonfitüre durch ein Sieb streichen und hinzugeben. So lange unter Rühren kochen lassen, bis die Masse anfängt dicklich zu werden. Den oberen Boden damit bestreichen.

**9** In die Mitte der Tortenoberfläche einen Kreis aus der restlichen Toffifeesahne streichen. Die Torte mit der zurückgelassenen Schokoladensahne verzieren und mit Toffifees garnieren.

# Harlekin-Kuchen

***Zubereitungszeit: 50–60 Min., ohne Kühlzeit***
***Backzeit: 75–80 Min.***

***Insgesamt:***
***E: 85 g, F: 314 g, Kh: 705 g, kJ: 25962, kcal: 6202***

Für den Knetteig:
- **420 g Weizenmehl**
- **140 g Zucker**
- **1 Prise Salz**
- **1 Ei (Größe M)**
- **3 Eigelb (Größe M)**
- **3 EL Schlagsahne**
- **280 g Butter**
- **200 g Johannisbeergelee**

Für die Glasur:
- **100 g Zucker**
- **4 Eigelb (Größe M)**
- **30 g abgezogene, gestiftelte Mandeln**
- **20 g gehacktes Zitronat**
- **10 g gehackte Pistazienkerne**
- **30 g Korinthen**

1 Für den Knetteig Mehl in eine Rührschüssel sieben. Zucker, Salz, Ei, Eigelb, Sahne und Butter hinzufügen. Die Zutaten mit Handrührgerät mit Knethaken zunächst kurz auf niedrigster, dann auf höchster Stufe gut durcharbeiten.

2 Anschließend auf der bemehlten Arbeitsfläche zu einem glatten Teig verkneten und etwa 2 Stunden kalt stellen.

3 Den Teig in 4 Teile teilen und jeden Teigteil auf der bemehlten Arbeitsfläche zu einem Rechteck von 27 x 24 cm ausrollen. Jedes Teigrechteck auf ein mit Backpapier belegtes Backblech legen und mehrmals mit einer Gabel einstechen. Das Backblech in den Backofen schieben.

**Ober-/Unterhitze: etwa 180 °C (vorgeheizt)**
**Heißluft: etwa 160 °C (vorgeheizt)**
**Gas: etwa Stufe 3 (vorgeheizt)**
**Backzeit: etwa 15 Min. pro Boden**

4 Auf diese Weise alle 4 Böden abbacken. Die gebackenen Böden auf einem Kuchenrost erkalten lassen.

5 Drei der Böden mit Johannisbeergelee bestreichen und aufeinandersetzen. Obenauf den unbestrichenen Boden legen und etwas andrücken.

6 Für die Glasur Zucker mit Eigelb cremig rühren und gleichmäßig auf den Kuchen streichen. Mit Mandeln, Zitronat, Pistazien und Korinthen bestreuen und zum Trocknen auf dem Backblech in den Backofen schieben.

**Ober-/Unterhitze: etwa 160 °C (vorgeheizt)**
**Heißluft: etwa 140 °C (vorgeheizt)**
**Gas: Stufe 1–2 (vorgeheizt)**
**Backzeit: 15–20 Min.**

7 Den Kuchen noch warm in Rauten schneiden.

**Tip:**
Zum Trocknen der Glasur evtl. einen Löffelstiel in die Backofentür klemmen, denn die Glasur darf nicht bräunen.

# Fantatorte

* Rezept nicht durch Coca-Cola autorisiert.

***Zubereitungszeit: 50 Min., ohne Kühlzeit***
***Backzeit: etwa 40 Min.***

***Insgesamt:***
***E: 95 g, F: 291 g, Kh: 483 g, kJ: 21256, kcal: 5079***

Für den Knetteig:
- **125 g Weizenmehl**
- **50 g Zucker**
- **1 Pck. Vanillin-Zucker**
- **2 EL Fanta Orange**
- **100 g Butter**

Für den Biskuitteig:
- **3 Eier (Größe M)**
- **125 g Zucker**
- **1 Pck. Vanillin-Zucker**
- **100 g Weizenmehl**
- **1 gestr. TL Backpulver**
- **4 Tropfen Butter-Vanille-Aroma**
- **50 g abgezogene, gemahlene Mandeln**
- **75 g zerlassene, abgekühlte Butter**
- **2 EL Johannisbeergelee**

Für die Füllung:
- **5 Blatt weiße Gelatine**
- **3 Eier (Größe M)**
- **50 g Zucker**
- **250 ml (1/4 l) Fanta Orange**
- **1 Pck. Orangenfrucht**
- **250 ml (1/4 l) Schlagsahne**

Für den Guß:
- **4 Blatt weiße Gelatine**
- **250 ml (1/4 l) Fanta Orange**

**1** Für den Knetteig Mehl in eine Rührschüssel sieben. Zucker, Vanillin-Zucker, Fanta und Butter hinzufügen. Die Zutaten mit Handrührgerät mit Knethaken zunächst kurz auf niedrigster, dann auf höchster Stufe gut durcharbeiten.

**2** Anschließend auf der bemehlten Arbeitsfläche zu einem glatten Teig verkneten. Den Teig auf einem gefetteten Springformboden (Ø 26 cm) ausrollen und mehrmals mit einer Gabel einstechen. Den Springformrand um den Boden legen. Die Form auf dem Rost in den Backofen schieben.

**Ober-/Unterhitze: etwa 180 °C (vorgeheizt)**
**Heißluft: etwa 160 °C (vorgeheizt)**
**Gas: Stufe 3–4 (vorgeheizt)**
**Backzeit: etwa 15 Min.**

**3** Für den Biskuitteig Eier mit Handrührgerät mit Rührbesen auf höchster Stufe in 1 Minute schaumig schlagen. Zucker mit Vanillin-Zucker mischen, in 1 Minute einstreuen, dann noch etwa 2 Minuten schlagen.

**4** Mehl mit Backpulver mischen, die Hälfte davon auf die Eiercreme sieben und kurz auf niedrigster Stufe unterrühren. Den Rest des Mehlgemisches auf dieselbe Weise unterarbeiten. Butter-Vanille-Aroma, Mandeln und Butter unterrühren. Den Teig in eine Springform (Ø 26 cm, Boden gefettet, mit Backpapier belegt) geben und glattstreichen. Die Form auf dem Rost in den Backofen schieben.

**Ober-/Unterhitze: etwa 180 °C (vorgeheizt)**
**Heißluft: –**
**Gas: Stufe 3–4 (vorgeheizt)**
**Backzeit: etwa 25 Min.**

**5** Den Boden aus der Form lösen, auf einen Kuchenrost stürzen, das Backpapier entfernen und den Boden erkalten lassen.

**6** Den Knetteigboden auf eine Tortenplatte legen und mit dem Gelee bestreichen. Den Biskuitboden darauf legen und etwas andrücken. Einen Tortenring darumlegen.

**5** Für die Füllung Gelatine nach Packungsaufschrift einweichen und auflösen. Die Eier mit dem Zucker im Wasserbad schaumig rühren. Gelatine, Fanta und Orangenfrucht hinzugeben und unterrühren. Die Masse kühl stellen.

(Fortsetzung Seite 46)

**8** Sobald die Eier-Gelatine-Masse anfängt dicklich zu werden, die Sahne steif schlagen und unterheben. Die Füllung auf den Biskuitboden streichen. Die Torte etwa 3 Stunden kalt stellen.

**9** Für den Guß Gelatine nach Packungsaufschrift einweichen. Fanta mit einer Gabel so lange schlagen, bis die Kohlensäure vollständig entwichen ist. Gelatine auflösen, mit der Fanta verrühren und etwas stehen lassen. Die Flüssigkeit dann vorsichtig auf die Creme gießen und fest werden lassen.

**■ Tip:**
Nach Belieben die Orangenfilets mit aufgelöster Schokolade verzieren und die Torte damit garnieren.

## Zitronen-Butterkeks-Kuchen

***Zubereitungszeit: 35 Min., ohne Durchziehzeit***
***Backzeit: etwa 30 Min.***

***Insgesamt:***
***E: 101 g, F: 390 g, Kh: 798 g, kJ: 30589, kcal: 7307***

Für den Rührteig:
- **200 g Butter oder Margarine**
- **200 g Zucker**
- **1 Pck. Vanillin-Zucker**
- **4 Eier (Größe M)**
- **250 g Weizenmehl**
- **1/2 Pck. Backpulver**
- **Saft von 1 1/2 Zitronen**

Für den Belag:
- **1 Pck. Pudding-Pulver Vanille-Geschmack**
- **40 g Zucker**
- **500 ml (1/2 l) Milch**
- **500 ml (1/2 l) Schlagsahne**
- **30 Butterkekse**

Für den Guß:
- **200 g Puderzucker**
- **2 EL Wasser**
- **3–4 EL Zitronensaft**

**1** Für den Rührteig Butter oder Margarine mit Handrührgerät mit Rührbesen auf höchster Stufe geschmeidig rühren. Nach und nach Zucker und Vanillin-Zucker unterrühren, so lange rühren, bis eine gebundene Masse entstanden ist. Eier nach und nach unterrühren (jedes Ei etwa 1/2 Minute).

**2** Mehl mit Backpulver mischen, sieben und abwechselnd portionsweise mit Zitronensaft auf mittlerer Stufe unterrühren (nur so viel Zitronensaft verwenden, daß der Teig schwer-reißend von einem Löffel fällt). Den Teig auf ein gefettetes Backblech (38 x 28 cm) streichen und in den Backofen schieben.

**Ober-/Unterhitze: etwa 200 °C (vorgeheizt)**
**Heißluft: etwa 180 °C (nicht vorgeheizt)**
**Gas: Stufe 3–4 (nicht vorgeheizt)**
**Backzeit: etwa 30 Min.**

**3** Für den Belag aus Pudding-Pulver, Zucker und Milch nach Packungsaufschrift einen Pudding zubereiten, auf den noch warmen Kuchen streichen und gut abkühlen lassen.

**4** Sahne steif schlagen, auf dem Pudding verteilen und mit den Butterkeksen belegen.

**5** Für den Guß Puderzucker, Wasser und Zitronensaft verrühren und auf den Butterkeksen verteilen. Den Kuchen mindestens 5 Stunden durchziehen lassen.

# Nilpferd-Torte

**Zubereitungszeit: 35 Min.**
**Backzeit: etwa 35 Min.**

**Insgesamt:**
**E: 106 g, F: 363 g, Kh: 389 g, kJ: 22558, kcal: 5398**

Für den Biskuitteig:
- **6 Eier (Größe M)**
- **100 g Zucker**
- **175 g Weizenmehl**
- **1 gestr. TL Backpulver**
- **100 g grob gehackte Blockschokolade**
- **100 g zerlassene, abgekühlte Butter**

Für die Füllung:
- **5 Schokoladen-Haselnuß-Snacks in Nilpferdform**
- **400 ml Schlagsahne**
- **1 Pck. Vanillin-Zucker**
- **2 Pck. Sahnesteif**

- **4 Schokoladen-Haselnuß-Snacks in Nilpferdform**
- **geriebene Schokolade oder gemahlene Haselnußkerne**

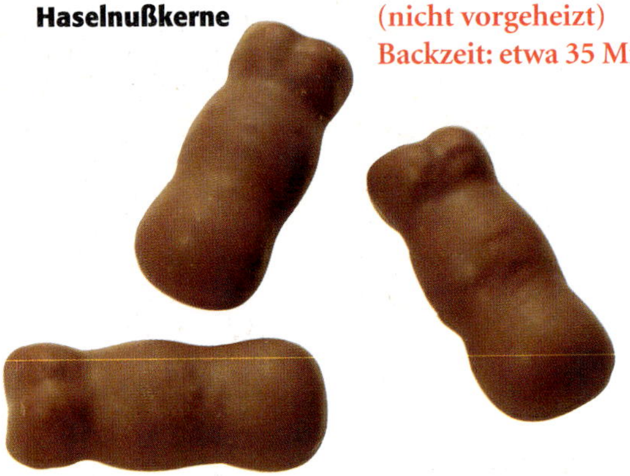

1 Für den Biskuitteig Eier mit Handrührgerät mit Rührbesen auf höchster Stufe in 1 Minute schaumig schlagen. Zucker in 1 Minute einstreuen, dann noch etwa 2 Minuten schlagen.

2 Mehl mit Backpulver mischen, die Hälfte davon auf die Eiercreme sieben und kurz auf niedrigster Stufe unterrühren. Den Rest des Mehlgemisches auf die gleiche Weise unterarbeiten. Schokolade kurz auf niedrigster Stufe unterrühren. Butter unterrühren.

3 Den Teig in eine Springform (Ø 22 cm, Boden gefettet, mit Backpapier belegt) füllen. Die Form auf dem Rost in den Backofen schieben und sofort backen.

Ober-/Unterhitze:
etwa 180 °C (vorgeheizt)
Heißluft: –
Gas: Stufe 3–4
(nicht vorgeheizt)
Backzeit: etwa 35 Min.

4 Den Biskuitboden aus der Form lösen, auf einen Kuchenrost stürzen, das Backpapier abziehen und den Boden erkalten lassen. Den erkalteten Boden einmal waagerecht durchschneiden.

5 Für die Füllung die Snacks in einer Rührschüssel zerkleinern und den unteren Boden mit der Masse bestreichen.

6 Die Sahne mit Vanillin-Zucker und Sahnesteif steif schlagen. Etwa die Hälfte der Sahne auf die Snack-Masse streichen und den zweiten Boden darauf legen.

7 Einen Teil der übrigen Sahne in einen Spritzbeutel mit großer Sterntülle geben. Mit der restlichen Sahne Tortenrand und -oberfläche bestreichen. Acht Sahnetuffs auf die Tortenoberfläche spritzen.

8 Die Snacks längs halbieren und an jeden Sahnetuff 1 Snackhälfte legen. In die Mitte der Torte einen Kreis aus Schokolade oder Haselnußkernen streuen. Den Tortenrand nach Belieben mit geriebener Schokolade bestreuen.

# Zaubertorte

**Zubereitungszeit: 40 Min., ohne Kühlzeit**
**Backzeit: etwa 25 Min.**

**Insgesamt:**
**E: 60 g, F: 231 g, Kh: 246 g, kJ: 14249, kcal: 3407**

Für den Biskuitteig:

- **2 Eier (Größe M)**
- **2 EL heißes Wasser**
- **75 g Zucker**
- **1 Pck. Vanillin-Zucker**
- **75 g Weizenmehl**
- **½ gestr. TL Backpulver**
- **50 g abgezogene, gemahlene, leicht geröstete Mandeln**
- **50 g geriebene Zartbitterschokolade**

Für die Füllung:

- **1 Pck. gemahlene Gelatine, weiß**
- **4 EL kaltes Wasser**
- **abgeriebene Schale von ½ Orange (unbehandelt)**
- **150 ml Orangensaft**
- **25 g Zucker**
- **50 g Zartbitterschokolade**
- **500 ml (½ l) Schlagsahne**

- **125 ml (⅛ l) Schlagsahne**
- **30 g geriebene Zartbitterschokolade**

**1** Für den Biskuitteig Eier und Wasser mit Handrührgerät mit Rührbesen auf höchster Stufe in 1 Minute schaumig schlagen. Zucker mit Vanillin-Zucker mischen, in 1 Minute einstreuen, dann noch etwa 2 Minuten schlagen.

**2** Mehl mit Backpulver mischen, auf die Eiercreme sieben. Mandeln und Schokolade auf das Mehl geben, alles kurz auf niedrigster Stufe unterrühren. Den Teig in eine Springform (Ø 22 cm, Boden gefettet, mit Backpapier belegt) füllen. Die Form auf dem Rost in den Backofen schieben und sofort backen.

**Ober-/Unterhitze: etwa 180 °C (vorgeheizt)**
**Heißluft: –**
**Gas: Stufe 3–4 (vorgeheizt)**
**Backzeit: etwa 25 Min.**

**3** Den Biskuitboden aus der Form lösen, auf einen Kuchenrost stürzen, das Backpapier abziehen und den Boden erkalten lassen. Den erkalteten Boden einmal waagerecht durchschneiden, den unteren Boden auf eine Tortenplatte legen und den gesäuberten Springformrand darumlegen (mit einem Backpapierstreifen ausgelegt).

**4** Für die Füllung Gelatine mit Wasser in einem kleinen Topf anrühren und 10 Minuten zum Quellen stehen lassen. Die Gelatine unter Rühren erwärmen, bis sie gelöst ist. Die Hälfte davon mit Orangenschale, Orangensaft und Zucker verrühren und kalt stellen.

**5** Schokolade in einem kleinen Topf im Wasserbad bei schwacher Hitze zu geschmeidiger Masse verrühren, abkühlen lassen. Sobald der Orangensaft anfängt dicklich zu werden, Sahne steif schlagen und etwa ⅔ davon unterrühren. Orangensahne (etwas zum Verzieren zurücklassen) auf den Boden streichen.

**6** Unter die restliche Sahne die abgekühlte Schokolade und die restliche Gelatine rühren. Die Schokoladensahne in einen Spritzbeutel mit Gebäckfülltülle geben und unregelmäßig tupfenweise in die Orangensahne spritzen.

**7** Den oberen Boden darauf legen, leicht andrücken und mit der zurückgelassenen Orangensahne bestreichen und verzieren. Die Torte kalt stellen, damit die Füllung fest wird.

**8** Springformrand und Papierstreifen vorsichtig von der Torte lösen. Sahne steif schlagen und den Rand der Torte damit verzieren. Die Torte mit der Schokolade bestreuen.

# Waffelkekskuchen

**Zubereitungszeit: 40 Min., ohne Kühlzeit**
**Backzeit: etwa 15 Min.**

**Insgesamt:**
**E: 45 g, F: 190 g, Kh: 280 g, kJ: 12994, kcal: 3103**

Für den Rührteig:

- **50 g Butter oder Margarine**
- **50 g Zucker**
- **1 Pck. Vanillin-Zucker**
- **1 Ei (Größe M)**
- **75 g Weizenmehl**
- **1 Msp. Backpulver**

Für die Füllung:

- **9 Waffelkekse mit Schoko-Haselnuß-Füllung**
- **3 Blatt weiße Gelatine**
- **500 g Erdbeeren**
- **40 g Puderzucker**
- **1 EL Zitronensaft**
- **250 ml (1/4 l) Schlagsahne**

- **evtl. Schlagsahne**

**1** Für den Rührteig Butter oder Margarine mit Handrührgerät mit Rührbesen auf höchster Stufe geschmeidig rühren. Nach und nach Zucker und Vanillin-Zucker unterrühren, so lange rühren, bis eine gebundene Masse entstanden ist. Das Ei unterrühren (etwa 1/2 Minute).

**2** Mehl mit Backpulver mischen, sieben und portionsweise auf mittlerer Stufe unterrühren. Den Teig in eine gefettete Kastenform (25 x 11 cm) füllen. Die Form auf dem Rost in den Backofen schieben.

**Ober-/Unterhitze: etwa 180 °C (vorgeheizt)**
**Heißluft: etwa 160 °C (vorgeheizt)**
**Gas: Stufe 3–4 (vorgeheizt)**
**Backzeit: etwa 15 Min.**

**3** Den Boden auf einen Kuchenrost stürzen und erkalten lassen.

**4** Für die Füllung die Waffelkekse einmal durchschneiden und an die beiden langen Seiten der gesäuberten, mit Backpapier ausgelegten Kastenform stellen.

**5** Gelatine nach Packungsaufschrift einweichen. Erdbeeren waschen, gut abtropfen lassen, entstielen, putzen, in Stücke schneiden (nach Belieben einige Erdbeeren zum Garnieren zurücklassen) und mit Puderzucker und Zitronensaft pürieren.

**6** Gelatine ausdrücken, auflösen und unter das Erdbeerpüree rühren. Sahne steif schlagen. Wenn die Erdbeermasse anfängt dicklich zu werden, 3 Eßlöffel davon abnehmen, die Sahne unter die restliche Erdbeermasse heben, in die Kastenform füllen und glattstreichen. Dabei die Waffelkekse fest an den Rand der Form drücken.

**7** Die zurückgelassene Erdbeermasse auf die Erdbeer-Sahne-Masse streichen. Den Rührteigboden darauf legen und etwas andrücken. Das Gebäck etwa 2 Stunden kalt stellen.

**8** Das Gebäck aus der Form stürzen, nach Belieben mit geschlagener Sahne verzieren und mit den zurückgelassenen Erdbeeren garnieren.

# Papageienkuchen

***Zubereitungszeit: 30 Min.***
***Backzeit: 50–60 Min.***

***Insgesamt:***
***E: 69 g, F: 257 g, Kh: 428 g, kJ: 18404, kcal: 4397***

Für den Rührteig:

- **250 g Butter**
- **250 g Zucker**
- **5 Eier (Größe M)**
- **4 EL Schlagsahne**
- **250 g Weizenmehl**
- **3 gestr. TL Backpulver**
- **1 Pck. (15 g) Saucenpulver Vanille-Geschmack (zum Kochen)**
- **1 Beutel aus 1 Pck. Götterspeise Himbeer-Geschmack**
- **1 Beutel aus 1 Pck. Götterspeise Waldmeister-Geschmack**

Für die Glasur:

- **150 g gesiebter Puderzucker**
- **2–3 EL Zitronensaft**
- **etwas rote Speisefarbe**

**1** Für den Rührteig Butter mit Handrührgerät mit Rührbesen auf höchster Stufe geschmeidig rühren. Nach und nach Zucker unterrühren, so lange rühren, bis eine gebundene Masse entstanden ist. Eier nach und nach unterrühren (jedes Ei etwa 1/2 Minute). Sahne unterrühren.

**2** Mehl mit Backpulver mischen, sieben und portionsweise auf mittlerer Stufe unterrühren. Den Teig in 3 gleiche Teile teilen. Eine Teigportion mit Saucenpulver, die zweite mit dem roten und die dritte mit dem grünen Götterspeisepulver verrühren.

**3** Die Teigdrittel nach Farben getrennt in eine gefettete, mit Mehl ausgestreute Kastenform (25 x 11 cm) schichten und jeweils glattstreichen. Eine Gabel spiralförmig durch die Teigschichten ziehen (wie bei einem Marmorkuchen). Die Form auf dem Rost in den Backofen schieben.

**Ober-/Unterhitze: etwa 180 °C (vorgeheizt)**
**Heißluft: etwa 160 °C (nicht vorgeheizt)**
**Gas: Stufe 3–4 (nicht vorgeheizt)**
**Backzeit: 50–60 Min.**

**4** Den Kuchen etwa 10 Minuten in der Form stehen lassen, ihn dann aus der Form lösen und auf einem Kuchenrost erkalten lassen.

**5** Für die Glasur Puderzucker mit Zitronensaft glattrühren (2 Eßlöffel der Glasur zurücklassen) und den Kuchen damit bestreichen, dabei nach Belieben den Bruch frei lassen.

**6** Die zurückgelassene Glasur mit Speisefarbe einfärben, in ein Pergamentpapiertütchen füllen, eine kleine Spitze abschneiden und den Kuchen damit verzieren.

**Tip:**
Den Kuchen z. B. für einen Kindergeburtstag nach Belieben mit bunten Bonbons oder Zuckervögeln garnieren.

Um diese leckeren Torten zu »backen«, brauchen Sie – bis auf eine Ausnahme – keinen Backofen.

# Kalte Köstlichkeiten

## Amarettinitorte

*Zubereitungszeit: 20 Min., ohne Kühlzeit*

*Insgesamt:*
*E: 33 g, F: 171 g, Kh: 173 g, kJ: 10115, kcal: 2411*

Für den Belag:
- **75 g Amarettini (ohne Hagelzucker)**
- **5 Blatt weiße Gelatine**
- **3 Beutel (à 10 g) Cappuccino-Pulver**
- **250 ml (1/4 l) kochendes Wasser**
- **250 ml (1/4 l) Schlagsahne**
- **1 Pck. Bourbon-Vanille-Zucker**
- **100 g Mascarpone (italienischer Frischkäse)**

Für den Boden:
- **etwa 100 g Amarettini**

- **125 ml (1/8 l) Schlagsahne**
- **Kakaopulver**

1 Für den Belag Amarettini in einen Gefrierbeutel geben, den Beutel verschließen und die Amarettini mit einer Teigrolle zerdrücken.

2 Gelatine nach Packungsaufschrift einweichen. Cappuccino-Pulver mit Wasser anrühren. Die Gelatine ausdrücken, im Cappuccino auflösen, abkühlen lassen.

3 Wenn die Creme anfängt dicklich zu werden, Schlagsahne mit Vanille-Zucker steif schlagen. Mascarpone, Amarettinibrösel und Sahne unter die Creme heben.

4 Die Masse in eine mit Backpapier ausgelegte viereckige Form (20 x 20 cm) oder Springform (Ø 20 cm) füllen und glattstreichen.

5 Für den Boden Amarettini mit der Spitze nach unten dicht an dicht auf die Masse legen und leicht andrücken. Die Torte etwa 2 Stunden im Kühlschrank fest werden lassen.

6 Die Torte auf eine Tortenplatte stürzen. Sahne steif schlagen und wellenartig auf der Torte verteilen. Die Torte mit Kakao bestäubt servieren.

Cappuccino

# Mascarponetorte mit Walnuss-Crunch-Boden

***Zubereitungszeit: 50 Min., ohne Kühlzeit***

***Insgesamt:***
***E: 62 g, F: 435 g, Kh: 307 g, kJ: 23396, kcal: 5597***

Für den Boden:
- **175 g Löffelbiskuits**
- **125 g Walnußkerne**
- **1/2 TL gemahlener Zimt**
- **175 g weiche Butter**

Für den Belag:
- **2 Pck. Aranca Zitronen-Geschmack (Pudding-Pulver ohne Kochen)**
- **400 ml Apfelsaft**
- **250 g Mascarpone (italienischer Frisch-käse)**
- **200 ml Schlagsahne**
- **500 g frische Brombeeren (ersatz-weise TK-Brombeeren)**

Für den Guß:
- **1 Pck. Tortenguß, klar**
- **250 ml (1/4 l) Apfelsaft**

**1** Für den Boden die Löffelbiskuits in einen Gefrierbeutel geben, den Beutel verschließen, die Löffelbiskuits mit einer Teigrolle zerdrücken und in eine Schüssel geben. Die Walnußkerne hacken und hinzugeben. Zimt und Butter hinzufügen.

**2** Die Zutaten verrühren und als Boden in eine gefettete Springform (Ø 26 cm, Rand mit Backpapier belegt) füllen, andrücken und kalt stellen.

**3** Für den Belag Aranca nach Packungsaufschrift mit Apfelsaft – aber ohne Ei und ohne Joghurt – zubereiten. Mascarpone verrühren, Sahne steif schlagen und beide Zutaten unterheben. Die Creme auf dem Krümelboden verteilen und die Torte kalt stellen, bis der Belag fest ist.

**4** Die Brombeeren putzen, waschen, abtropfen lassen (TK-Beeren auftauen und abtropfen lassen) und auf der Creme verteilen.

**5** Für den Guß Tortenguß mit Apfelsaft nach Packungsaufschrift zubereiten und über die Beeren verteilen. Die Torte kalt stellen, bis der Guß fest geworden ist.

**6** Vor dem Servieren den Springformrand und den Papierstreifen entfernen.

**Tip:**
Die Torte nach Belieben mit geraspelter, weißer Schokolade und einigen roten Johannisbeeren garnieren.

# Fruchtige Eistorte

**Zubereitungszeit: 40 Min., ohne Gefrierzeit**

**Insgesamt:**
**E: 57 g, F: 358 g, Kh: 537 g, kJ: 23981, kcal: 5730**

Für den Boden:

- **3 Pck. (à 75 g) Eiswaffeln**
- **125 g Butter**
- **50 g Zartbitterschokolade**

Für das Parfait:

- **1 Glas Fruchtcocktail (Abtropfgewicht 425 g)**
- **4 Eigelb (Größe M)**
- **150 g gesiebter Puderzucker**
- **Schale und Saft einer Orange (unbehandelt)**
- **4 cl Orangenlikör**
- **500 ml (1/2 l) Schlagsahne**
- **50 g grob gehackte Pistazienkerne**

Für den Karamel:

- **100 g Zucker**

**1** Für den Boden Eiswaffeln in einen Gefrierbeutel geben, den Beutel verschließen, die Eiswaffeln mit einer Teigrolle zerdrücken und in eine Schüssel geben. Butter und Schokolade in einem kleinen Topf im Wasserbad bei schwacher Hitze zu einer geschmeidigen Masse verrühren, zu den Gebäckbröseln geben und gut verrühren.

**2** Die Masse in eine Springform (Ø 26 cm, gefettet, mit Backpapier ausgelegt) geben und mit der runden Seite eines Eßlöffels zu einem glatten Boden andrücken.

**3** Für das Parfait den Fruchtcocktail auf einem Sieb abtropfen lassen. Eigelb und Puderzucker in einer Schüssel über dem heißen Wasserbad mit einem Schneebesen oder mit Handrührgerät mit Rührbesen zu einer dicken Creme aufschlagen, die Creme vom Wasserbad nehmen und kalt schlagen. Orangenschale, -saft und -likör unterrühren.

**4** Die Sahne steif schlagen und zusammen mit dem abgetropften Fruchtcocktail und den Pistazien unter die Crememasse heben. Die Parfaitmasse in die Springform füllen und glattstreichen. Etwa 8 Stunden gefrieren lassen.

**5** Für den Karamel Zucker in einem Topf unter Rühren so lange erhitzen, bis er völlig gelöst und die Masse genügend gebräunt ist. Die Masse mit einem Eßlöffel auf einem Stück Alufolie verteilen und fest werden lassen. Den erkalteten Karamel in kleine Stücke zerstoßen.

**6** Die Eistorte vor dem Servieren im Kühlschrank etwa 30 Minuten antauen lassen. Die Torte aus der Form lösen, das Backpapier entfernen und die Torte mit Karamel garniert servieren.

**Tip:**
Anstelle von 100 g Zucker für den Karamel 20 g Butter und 70 g Zucker so lange erhitzen, bis der Zucker gelöst und die Masse leicht gebräunt ist. 70 g abgezogene, gehackte Mandeln hinzufügen und unter Rühren erhitzen, bis die Masse genug gebräunt ist. Wie oben angegeben weiter verfahren.

# Waffelröllchentorte mit Eierlikör

**Zubereitungszeit: 60 Min., ohne Kühlzeit**

**Insgesamt:**
**E: 70 g, F: 593 g, Kh: 469 g, kJ: 32270, kcal: 7951**

Für den Boden:
- **150 g Löffelbiskuits**
- **70 g Zwieback**
- **125 g Butter**

Für den Rand:
- **200–300 g Waffelröllchen mit Zartbitterschokolade**

Für die Füllung:
- **250 g Butter**
- **150 g gesiebter Puderzucker**
- **2 Pck. Vanillin-Zucker**
- **3 Eigelb (Größe M)**
- **100 ml Eierlikör**
- **9 Blatt weiße Gelatine**
- **600 ml Schlagsahne**

- **2 EL Schokoladenraspel**

**1** Für den Boden Löffelbiskuits und Zwieback in einen Gefrierbeutel geben, den Beutel verschließen, beide Zutaten mit einer Teigrolle zerdrücken und in eine Schüssel geben.

**2** Butter zerlassen, zu den Löffelbiskuit- und Zwiebackbröseln geben und gut verrühren. Die Masse gleichmäßig in eine Springform (Ø 26 cm, Boden gefettet, mit Backpapier belegt) drücken.

**3** Für den Rand die Waffelröllchen mit der Schokoladenseite nach oben an den Rand der Springform stellen und leicht in die Löffelbiskuitmasse drücken. Etwa 15 Minuten kalt stellen.

**4** Für die Füllung Butter mit Handrührgerät mit Rührbesen geschmeidig rühren. Puderzucker, Vanillin-Zucker, Eigelb und Eierlikör unterrühren.

**5** Gelatine nach Packungsaufschrift einweichen, ausdrücken und auflösen. 1–2 Eßlöffel der Eierlikörmasse mit der Gelatine verrühren, um die Temperatur anzugleichen. Dann die Gelatine unter die übrige Eierlikörmasse rühren.

**6** Sahne steif schlagen und unterheben. Die Füllung in die Form geben und glattstreichen. Die Torte etwa 2 Stunden kalt stellen.

**7** Den Springformrand und das Backpapier entfernen, die Torte auf eine Tortenplatte geben und vor dem Servieren mit Schokoladenraspeln bestreuen.

**Tips:**
Butter, Eigelb und Eierlikör sollten dieselbe Temperatur haben, damit die Masse nicht gerinnt. Nur ganz frische Eier verwenden, die nicht älter als 5 Tage sind (Legedatum beachten). Die fertige Torte im Kühlschrank aufbewahren und innerhalb von 24 Stunden verzehren.

# Kokos-Limonen-Torte mit Eiswaffelboden

***Zubereitungszeit: 25 Min., ohne Kühlzeit***

***Insgesamt:***
***E: 75 g, F: 405 g, Kh: 267 g, kJ: 21558, kcal: 5152***

- **2 Limonen (unbehandelt)**
- **100 g Kokosraspel**

Für den Boden:
- **60 Stück (3 Pck.) Eiswaffeln**
- **125 g zerlassene, abgekühlte Butter**

Für den Belag:
- **400 g Doppelrahm-Frischkäse**
- **200–300 ml Schlagsahne**
- **75 g Zucker**

- **evtl. 1 Limone (unbehandelt), in dünne Scheiben geschnitten**
- **evtl. einige Eiswaffeln**

1 Zwei Limonen heiß abwaschen, abtrocknen und die Schale dünn abreiben. Beide Früchte auspressen. Limonensaft und -schale mit den Kokosraspeln mischen und bis zur weiteren Verwendung durchziehen lassen.

2 Für den Boden die Eiswaffeln in einen Gefrierbeutel geben, den Beutel verschließen, die Eiswaffeln mit einer Teigrolle zerdrücken und in eine Schüssel geben. Die Waffelkrümel mit der Butter verrühren.

3 Einen Springformrand oder Tortenring (Ø 24 cm, evtl. mit Backpapier ausgekleidet) auf eine Tortenplatte stellen. Die Masse gleichmäßig auf die Tortenplatte geben und mit einem feuchten Löffelrücken zu einem Boden andrücken.

4 Für den Belag den Frischkäse mit den eingeweichten Kokosraspeln verrühren. Sahne mit Zucker steif schlagen und unter die Frischkäsemasse heben. Die Masse auf den Boden geben, glattstreichen und die Torte etwa 3 Stunden kalt stellen.

5 Vor dem Servieren den Springformrand (Tortenring) entfernen. Die Torte nach Belieben mit Limonenscheiben und einigen Eiswaffeln garnieren.

**Tip:**
Die Torte schmeckt gut durchgekühlt am besten und läßt sich (ohne die Garnierung) auch gut schon am Vortag zubereiten.

# Weihnachtstorte

***Zubereitungszeit: 40 Min., ohne Kühlzeit***

***Insgesamt:***
***E: 119 g, F: 419 g, Kh: 460 g, kJ: 26157, kcal: 6251***

Für den Boden:

- **250 g Gewürzspekulatius**
- **100 g Butter oder Margarine**

Für die Creme:

- **8 Blatt weiße Gelatine**
- **500 g Mascarpone (italienischer Frischkäse)**
- **500 g Magerquark**
- **4 EL Honig**
- **1–2 EL gemahlener Zimt**
- **200 g Zucker**
- **250 ml (1/4 l) Schlagsahne**

- **1 EL Kakaopulver**

**1** Für den Boden Spekulatius in einen Gefrierbeutel geben, den Beutel verschließen, die Spekulatius mit einer Teigrolle zu feinen Bröseln zerdrücken und in eine Schüssel geben.

**2** Butter oder Margarine zerlassen, etwas abkühlen lassen, zu den Bröseln geben und gut verrühren. Einen Springformrand oder Tortenring (Ø 28 cm) auf eine Tortenplatte stellen. Die Spekulatiusmasse gleichmäßig mit einem feuchten Löffelrücken zu einem Boden hineindrücken und kalt stellen.

**3** Für die Creme Gelatine nach Packungsaufschrift einweichen. Mascarpone, Quark, Honig, Zimt und Zucker verrühren. Die Gelatine auflösen und unter die Mascarponemasse rühren. Wenn die Masse anfängt dicklich zu werden, die Sahne steif schlagen und unterheben.

**4** Die Creme auf dem Boden verteilen und glattstreichen. Die Torte kalt stellen (am besten über Nacht).

**5** Vor dem Servieren die Torte aus dem Springformrand (Tortenring) lösen und mit Kakao bestäuben.

**Tip (Foto):**
Sie können die Torte auch zusätzlich vor dem Servieren mit steifgeschlagener Sahne verzieren, mit zerbröselten Baiserschalen bestreuen und erst dann mit Kakao bestäuben.

# Ricottatorte

***Zubereitungszeit: 45 Min., ohne Kühlzeit***

***Insgesamt:***
***E: 108 g, F: 319 g, Kh: 317 g, kJ: 20303, kcal: 4850***

Für den Boden:

- **50 g Löffelbiskuits**
- **80 g Butter**

Für die Creme:

- **1 Pck. Gelatine gemahlen, weiß**
- **6 EL Wasser**
- **3 Eigelb (Größe M)**
- **150 g Zucker**
- **1 Pck. Bourbon-Vanille-Zucker**
- **1 Pck. Geriebene Zitronenschale**
- **1 Prise Salz**
- **250 g Ricotta (italienischer Molkeneiweißkäse)**
- **250 g Sahnequark**
- **3–4 EL Sambuca (Anislikör)**
- **250 ml (1/4 l) Schlagsahne**

Für den Belag:

- **250 ml (1/4 l) Schlagsahne**
- **1 Pck. Sahnesteif**
- **1 Pck. Vanillin-Zucker**
- **150 g Löffelbiskuits**
- **30 g abgezogene, gehobelte Mandeln**
- **Kakaopulver**

**1** Für den Boden Löffelbiskuits in einen Gefrierbeutel geben, den Beutel verschließen, die Löffelbiskuits mit einer Teigrolle fein zerdrücken und in eine Schüssel geben.

**2** Die Butter zerlassen, zu den Löffelbiskuits geben und gut verrühren. Einen Springformrand (Ø 22 cm) auf eine Tortenplatte stellen, die Butter-Brösel-Masse hineingeben und fest andrücken. Den Boden etwa 15 Minuten kalt stellen.

**3** Für die Creme Gelatine mit Wasser in einem kleinen Topf anrühren und 10 Minuten zum Quellen stehen lassen. Eigelb, Zucker, Bourbon-Vanille-Zucker, Zitronenschale und Salz in einer Schüssel im Wasserbad schaumig schlagen.

**4** Ricotta und Quark unterrühren und die Masse mit Sambuca abschmecken. Die Gelatine auflösen und unterrühren. Sobald die Creme anfängt dicklich zu werden, Sahne steif schlagen und unterheben. Die Masse auf den Boden füllen und glattstreichen. Die Torte etwa 2 Stunden kalt stellen. Dann den Springformrand entfernen.

**5** Für den Belag Sahne mit Sahnesteif und Vanillin-Zucker steif schlagen. 3/4 der Sahne in einen Spritzbeutel mit Sterntülle füllen. Mit der restlichen Sahne den Tortenrand bestreichen.

**6** Löffelbiskuits mit einem Sägemesser in etwa 5 cm lange Stücke schneiden, mit der Schnittfläche nach unten an den Tortenrand setzen und etwas andrücken. Die Torte mit der Sahne aus dem Spritzbeutel verzieren.

**7** Mandeln in einer Pfanne ohne Fett unter Rühren goldbraun rösten und etwas abkühlen lassen. Die Torte damit bestreuen und mit Kakao bestäuben.

■ **Tip:**

Anstelle von 250 g Ricotta und 250 g Sahnequark können auch 500 g Sahnequark verwendet werden.

# Philadelphia-Pflaumen-Torte

***Zubereitungszeit: 25 Min., ohne Kühlzeit***

***Insgesamt:***
***E: 104 g, F: 303 g, Kh: 297 g, kJ: 18910, kcal: 4521***

Für den Boden:

- **150 g Schoko-Biskuitzungen**
- **100 g Butter**

Für die Füllung:

- **etwa 300 g Pflaumenhälften (aus dem Glas)**
- **6 Blatt weiße Gelatine**
- **600 g Philadelphia (Doppelrahm-Frischkäse)**
- **500 g Joghurt**
- **3 EL Zitronensaft**
- **75 g Zucker**
- **150 ml Pflaumensaft**

Für den Belag:

- **2 Eierpflaumen oder Pflaumen aus dem Glas**
- **1/2 Pck. Tortenguß, klar**
- **125 ml (1/8 l) Pflaumensaft**

**1** Für den Boden die Schoko-Biskuitzungen in einen Gefrierbeutel geben, den Beutel verschließen, die Biskuitzungen mit einer Teigrolle zerdrücken und in eine Schüssel geben.

**2** Butter zerlassen, zu den Gebäckbröseln geben und gut verrühren. Die Masse gleichmäßig in einer Springform (Ø 26 cm, Boden gefettet, Boden und Rand mit Backpapier ausgelegt) verteilen und gut andrücken.

**3** Für die Füllung Pflaumen auf einem Sieb abtropfen lassen, dabei den Saft auffangen und 150 ml für die Füllung und 125 ml (1/8 l) für den Belag abmessen (evtl. mit Wasser auffüllen). Gelatine nach Packungsaufschrift einweichen.

**4** Frischkäse mit Joghurt, Zitronensaft und Zucker verrühren. Gelatine ausdrücken, auflösen, mit 150 ml von dem Pflaumensaft verrühren und unter die Frischkäse-Joghurt-Masse rühren.

**5** Die Hälfte der Masse auf den Boden geben und glattstreichen. Die abgetropften Pflaumen darauf verteilen, die restliche Masse darübergeben und glattstreichen. Die Torte etwa 3 Stunden im Kühlschrank fest werden lassen. Die Torte dann aus der Form lösen.

**6** Für den Belag Pflaumen waschen, abtrocknen, entsteinen und in Spalten schneiden. Die Torte mit den Pflaumenspalten garnieren. Aus Tortenguß und 125 ml (1/8 l) von dem Pflaumensaft nach Packungsaufschrift einen Guß zubereiten und auf die Pflaumenspalten geben.

**Tip:**
Nach Belieben etwas von den Gebäckbröseln zurücklassen und die Torte vor dem Servieren damit bestreuen.

# Rote-Grütze-Torte

***Zubereitungszeit: 20 Min., ohne Kühlzeit***

***Insgesamt:***
***E: 38 g, F: 384 g, Kh: 313 g, kJ: 20916, kcal: 4997***

Für Boden und Rand:
- **200 g Löffelbiskuits**
- **120 g Butter**

Für die Creme:
- **400 g Schmand (Sauerrahm)**
- **150 g Gelierzucker (1:1-Produkt)**
- **500 ml (1/2 l) Schlagsahne**
- **Saft von 1 Zitrone**

Für den Belag:
- **1 Becher (500 g) Rote Grütze**
- **1 Pck. Tortenguß, klar**
- **2 EL Wasser**

**1** Für den Boden 150 g Löffelbiskuits in einen Gefrierbeutel geben, den Beutel verschließen, die Löffelbiskuits mit einer Teigrolle zerdrücken und in eine Schüssel geben.

**2** Butter zerlassen, zu den Löffelbiskuitbröseln geben und gut verrühren. Einen Springformrand oder Tortenring (Ø 26 cm, evtl. mit Backpapier ausgekleidet) auf eine Tortenplatte stellen. Die Masse auf die Tortenplatte geben und mit einem feuchten Löffelrücken zu einem Boden andrücken.

**3** Für den Rand die restlichen Löffelbiskuits halbieren und als Rand auf den Boden legen.

**4** Für die Creme Schmand mit Gelierzucker gut verrühren. Die Sahne sehr steif schlagen und mit dem Zitronensaft unterheben. Die Creme auf den Boden füllen und glattstreichen. Die Torte einige Stunden in den Kühlschrank stellen (am besten über Nacht).

**5** Für den Belag die Rote Grütze in einen Topf geben. Den Tortenguß mit Wasser verrühren, in die Grütze geben und einmal aufkochen lassen. Die Grützemasse etwas abkühlen lassen, dann auf die Torte geben und glattstreichen. Die Torte kalt stellen, bis die Grützemasse erkaltet ist.

**Abwandlung:**
Die Torte nur mit der Creme zubereiten und die Rote Grütze erst kurz vorm Servieren unangedickt darüber verteilen.

**Tip (Foto):**
Die Torte schmeckt auch sehr lecker mit einem gebackenen Boden. Dazu 100 g Weizenmehl und 1/2 Päckchen Backpulver mischen und in eine Rührschüssel sieben. 75 g Zucker, 1 Päckchen Vanillin-Zucker, 3 Eier (Größe M), 2 Eßlöffel neutrales Speiseöl und 1 Eßlöffel Essig dazugeben. Die Zutaten mit Handrührgerät mit Rührbesen in etwa 1 Minute zu einem glatten Teig verarbeiten. Den Teig in eine Springform (Ø 26 cm, Boden gefettet, mit Backpapier belegt) füllen, glattstreichen und bei etwa 200 °C (Heißluft: etwa 180 °C, Gas: Stufe 3–4) 15–20 Minuten backen.

# Doppelkeks-Torte

*Foto*
*Zubereitungszeit: 30 Min., ohne Kühlzeit*

*Insgesamt:*
*E: 58 g, F: 221 g, Kh: 389 g, kJ: 16517, kcal: 3945*

Für die Creme:
- **100 g Kokosfett**
- **150 g weiße Schokolade**
- **2 Eier (Größe M)**
- **100 g gesiebter Puderzucker**
- **1 EL Weinbrand**
- **etwa 21 schokoladengefüllte Doppelkekse (Ø etwa 6 cm)**
- **Kakaopulver zum Bestäuben**

**1** Für die Creme das Kokosfett schmelzen und abkühlen lassen. Die Schokolade grob zerkleinern und in einem kleinen Topf im Wasserbad bei schwacher Hitze zu einer geschmeidigen Masse verrühren.

**2** Eier, Puderzucker und Weinbrand zu einer schaumigen Masse schlagen. Nach und nach Kokosfett und Schokolade unterziehen.

**3** Den Boden einer Springform (Ø 20 cm) mit Backpapier belegen, mit etwa 7 Keksen auslegen, etwas von der Creme darüberstreichen. Dann Kekse und Creme abwechselnd in die Form schichten (die letzte Schicht sollte aus Keksen bestehen).

**4** Die Torte mit Backpapier zudecken und etwa 4 Stunden im Kühlschrank fest werden lassen.

**5** Die Torte aus der Form lösen und das Backpapier abziehen. Die Torte auf eine Tortenplatte legen mit Kakao bestäubt servieren.

# Kellerkuchen (Kalter Hund)

*Zubereitungszeit: 30 Minuten, ohne Kühlzeit*

*Insgesamt:*
*E: 54 g, F: 311 g, Kh: 300 g, kJ: 18270, kcal: 4362*

- **125 g gesiebter**
- **Puderzucker**
- **1 Pck. Vanillin-Zucker**
- **50 g gesiebter Kakao**
- **½ Fläschchen Rum-Aroma**
- **2 Eier (Größe M)**
- **250 g zerlassenes, abgekühltes Kokosfett**
- **250–300 g rechteckige Butterkekse**

**1** Puderzucker mit Vanillin-Zukker, Kakao und Rum-Aroma in eine Rührschüssel geben.

**2** Alles nach und nach mit den Eiern und dem Kokosfett mit Handrührgerät mit Rührbesen auf mittlerer Stufe verrühren.

**3** Die Butterkekse lagenweise abwechselnd mit der Kakaomasse in eine mit Pergamentpapier ausgelegte Kastenform (etwa 20 x 11 cm) füllen. Die unterste Schicht muß aus Kakaomasse, die oberste aus Keksen bestehen.

**4** Den Kuchen mehrere Stunden, am besten über Nacht, kalt stellen. Den Kuchen stürzen und in Scheiben schneiden.

# Schokoröllchentorte mit Apfelmus

**Zubereitungszeit: 30 Min., ohne Kühlzeit**

**Insgesamt:**
**E: 46 g, F: 194 g, Kh: 355 g, kJ: 14515, kcal: 3468**

Für den Boden:
- **100 g Marzipan-Rohmasse**
- **50 g gesiebter Puderzucker**

- **3 Pck. (48 Stück) Schokoröllchen-Eiswaffeln**

Für die Füllung:
- **8 Blatt weiße Gelatine**
- **1 Glas (750 g) Apfelmus**
- **2 EL Portwein oder 1 EL Zitronensaft**
- **400 ml Schlagsahne**
- **50 g Zucker**
- **2 Pck. Vanillin-Zucker**

- **1 Apfel**
- **etwas Zitronensaft**
- **einige Pfefferminzblättchen**

1 Für den Boden die Marzipan-Rohmasse gut mit dem Puderzucker verkneten und zwischen zwei Lagen Klarsichtfolie zu einer runden Platte (Ø 20 cm) ausrollen. Einen Springformrand (Ø 20 cm) auf eine Tortenplatte stellen und den Marzipankreis hineinlegen.

2 Die Schokoröllchen-Eiswaffeln am Springformrand entlang aufrecht in das Marzipan stecken.

3 Für die Füllung Gelatine nach Packungsaufschrift einweichen. Das Apfelmus mit Portwein oder Zitronensaft verrühren. Gelatine gut ausdrücken, auflösen, unter das Apfelmus rühren und kalt stellen.

4 Sahne mit Zucker und Vanillin-Zucker steif schlagen. Sobald das Apfelmus anfängt dicklich zu werden, die Sahne unterheben. Die Apfelmus-Sahne-Masse in die Form geben, glattstreichen und etwa 3 Stunden kalt stellen.

5 Den Springformrand mit Hilfe eines Messers vorsichtig entfernen. Den Apfel waschen, abtrocknen, vierteln, entkernen, in dünne Scheiben schneiden und mit Zitronensaft beträufeln. Die Torte mit Apfelscheiben und Pfefferminzblättchen garnieren. Die Torte gut gekühlt servieren.

**Tip:**
Anstelle des Marzipanbodens 75 g Löffelbiskuits in einen Gefrierbeutel geben, den Beutel verschließen, die Löffelbiskuits mit einer Teigrolle zerdrücken und in eine Schüssel geben. 70 g Butter zerlassen, zu den Löffelbiskuits geben und gut verrühren. Die Masse gleichmäßig in einer Springform (Ø 20 cm, Boden gefettet) verteilen und gut andrücken.

# Grand-Marnier-Torte

***Zubereitungszeit: 30 Min., ohne Kühlzeit***

***Insgesamt:***
***E: 148 g, F: 189 g, Kh: 471 g, kJ: 19439, kcal: 4646***

Für den Boden:

- **10 Zwiebäcke (100 g)**
- **200 g Nuß-Nougat**
- **etwa 10 Tropfen Bittermandel-Aroma**

Für die Füllung:

- **12 Blatt weiße Gelatine**
- **750 g Magerquark**
- **150 g Zucker**
- **250 ml (1/4 l) Orangensaft (nach Belieben frisch gepreßt)**
- **Saft von 1 Zitrone**
- **125 ml (1/8 l) Grand Marnier**
- **Mark von 1 Vanilleschote**
- **5 EL Weißwein**
- **400 ml Schlagsahne**

- **etwa 2 Orangen**
- **8 Maraschino-Kirschen**

**1** Für den Boden Zwiebäcke in einen Gefrierbeutel geben, den Beutel verschließen, die Zwiebäcke mit einer Teigrolle zerdrücken und in eine Schüssel geben.

**2** Nuß-Nougat zerlassen und Bittermandel-Aroma unterrühren. Einen Springformrand (Ø 26 cm, gefettet, mit Back- oder Pergamentpapier belegt) oder einen Tortenring auf eine Tortenplatte stellen. Die Nougatmasse mit den Zwiebackbröseln mischen, auf die Tortenplatte geben und andrücken.

**3** Für die Füllung Gelatine nach Packungsaufschrift einweichen. Quark mit Zucker, Orangensaft, Zitronensaft, Grand Marnier und Vanillemark verrühren.

**4** Weißwein erhitzen. Gelatine ausdrücken, in dem Wein auflösen und alles unter die Quarkmasse rühren. Wenn die Masse anfängt dicklich zu werden, Sahne steif schlagen und unterheben.

**5** Die Quark-Sahne-Masse auf den Boden geben und glattstreichen. Die Torte etwa 2 Stunden im Kühlschrank kalt stellen.

**6** Vor dem Servieren Springformrand (Tortenring) und Papierstreifen entfernen. Die Orangen schälen, so daß die weiße Haut vollständig entfernt ist, und quer in dünne Scheiben schneiden. Die Torte mit Orangenscheiben und Maraschino-Kirschen garnieren.

**Tip:**
Nach Belieben den Tortenrand mit einigen Zwiebackbröseln bestreuen.

# Schornsteinfegertorte

**Zubereitungszeit: 40 Min., ohne Kühlzeit**
**Backzeit: 10–15 Min.**

**Insgesamt:**
**E: 66 g, F: 245 g, Kh: 199 g, kJ: 14183, kcal: 3389**

Für den Boden:
- **125 g Mini-Butterkekse**
- **mit Schokoladenüberzug**
- **50 g Butter**

- **Semmelbrösel**

Für den Belag:
- **2 Eier (Größe M)**
- **25 g Zucker**
- **75 g Zartbitterschokolade**
- **200 g Doppelrahm-Frischkäse**
- **200 ml Schlagsahne**
- **1 Pck. Sahnesteif**
- **25 g geriebene Zartbitterschokolade**
- **etwa 40 Mini-Butterkekse mit Schokoladenüberzug**

1 Für den Boden Butterkekse in einen Gefrierbeutel geben, den Beutel verschließen, die Kekse mit einer Teigrolle zerdrücken und in eine Schüssel geben. Butter zerlassen und unter die Kekskrümel mischen.

2 Die Keks-Butter-Masse in einer Springform (Ø 20 cm, Boden gefettet, mit Semmelbröseln bestreut) verteilen. Die Form auf dem Rost in den Backofen schieben.

**Ober-/Unterhitze:**
**etwa 180 °C (vorgeheizt)**
**Heißluft: etwa 160 °C (vorgeheizt)**
**Gas: Stufe 3–4 (vorgeheizt)**
**Backzeit: 10–15 Min.**

3 Den Boden in der Form erkalten lassen.

4 Für den Belag Eier und Zucker im Wasserbad zu einer cremigen Masse aufschlagen. Die Schüssel aus dem Wasserbad nehmen und die Masse kalt schlagen.

5 Schokolade grob zerkleinern, in einem kleinen Topf im Wasserbad bei schwacher Hitze zu einer geschmeidigen Masse verrühren und etwas abkühlen lassen. Den Frischkäse unterrühren.

6 Die Eimasse vorsichtig unterheben, alles auf den Boden in die Form geben und glattstreichen. Die Torte 2–3 Stunden kalt stellen.

7 Vor dem Servieren die Torte aus der Form lösen und die Oberfläche in 8 Tortenstücke einteilen. Die Sahne mit Sahnesteif steif schlagen, die Schokolade unterheben (etwas zum Bestreuen zurücklassen) und in einen Spritzbeutel mit Lochtülle füllen.

8 Auf jedes Tortenstück je 1 großen und 1 kleinen »Sahneschornstein« spritzen und die Mini-Butterkekse darumstellen. Die Torte mit der zurückgelassenen Schokolade bestreuen.

**Tip:**
Nur ganz frische Eier verwenden.

Oft ist ein kleiner Schuß Rum oder Likör wie das Tüpfelchen auf dem »i«.

# Torten mit Schwips

## Baileys-Baiser-Torte

*Zubereitungszeit: 40 Min.*
*Backzeit: 25–30 Min.*

*Insgesamt:*
*E: 47 g, F: 338 g, Kh: 407 g, kJ: 21914, kcal: 5237*

Für den Rührteig:
- **50 g Kokosraspel**
- **125 g Butter oder**
- **Margarine**
- **100 g Zucker**
- **2 Eier (Größe M)**
- **75 g Weizenmehl**
- **75 g Speisestärke**
- **1 gestr. TL Backpulver**

- **100 g dunkle Kuchenglasur**
- **150 ml Baileys (Whisky-Likör)**
- **500 ml ($^{1}/_{2}$ l) Schlagsahne**
- **2 Pck. Sahnesteif**
- **3 große Baiserschalen (à 30 g, vom Bäcker)**

1 Für den Rührteig Kokosraspel in einer Pfanne ohne Fett goldbraun rösten und abkühlen lassen.

2 Butter oder Margarine mit Handrührgerät mit Rührbesen auf höchster Stufe geschmeidig rühren. Nach und nach Zucker unterrühren, so lange rühren, bis eine gebundene Masse entstanden ist. Eier nach und nach unterrühren (jedes Ei etwa $^{1}/_{2}$ Minute).

3 Mehl, Speisestärke und Backpulver mischen, sieben und portionsweise auf mittlerer Stufe unterrühren. Kokosraspel (1 Eßlöffel zum Bestreuen zurücklassen) unterrühren. Den Teig in eine Springform (Ø 26 cm, Boden gefettet) füllen und glattstreichen. Die Form auf dem Rost in den Backofen schieben.

**Ober-/Unterhitze: etwa 180 °C (vorgeheizt)**
**Heißluft: etwa 160 °C (nicht vorgeheizt)**
**Gas: etwa Stufe 3 (nicht vorgeheizt)**
**Backzeit: 25–30 Min.**

4 Den Boden in der Form erkalten lassen. Ihn dann aus der Form lösen und auf einen Kuchenrost stürzen.

5 Die Kuchenglasur nach Packungsaufschrift im

(Fortsetzung Seite 84)

Wasserbad schmelzen. Die Unterseite des Bodens damit bestreichen und fest werden lassen.

**6** Den Boden mit der Schokoladenseite nach unten auf eine Tortenplatte legen. Die Oberseite mehrmals mit einer Gabel einstechen und mit dem Baileys beträufeln.

**7** Sahne mit Sahnesteif steif schlagen, in einen Spritzbeutel mit großer Sterntülle füllen und dicht an dicht auf den Boden spritzen. Die Baiserschalen grob zerkleinern und auf der Sahne verteilen.

**8** Die Torte mit den zurückgelassenen Kokosraspeln bestreuen.

## Diplomatentorte

***Zubereitungszeit: 30 Min., ohne Kühlzeit***
***Backzeit: etwa 15 Min.***

***Insgesamt:***
***E: 47 g, F: 236 g, Kh: 365 g, kJ: 16992, kcal: 4059***

- **4 quadratische Platten**
- **(à 45 g) TK-Blätterteig**

Für die Puddingcreme:

- **2 Pck. Pudding-Pulver Vanille-Geschmack**
- **100 g Zucker**
- **250 ml (1/4 l) Schlagsahne**
- **500 ml (1/4 l) Milch**
- **3–4 EL Rum**
- **250 ml (1/2 l) Schlagsahne**

- **100 g Löffelbiskuits**
- **3 EL Rum**
- **Puderzucker**
- **50 g geschabte Schokolade**

**1** Die Blätterteigplatten nebeneinander zugedeckt bei Zimmertemperatur auftauen lassen.

**2** Die Blätterteigplatten nebeneinander zu einem Quadrat auf ein mit Backpapier belegtes Backblech legen. Die inneren Teigränder mit etwas Wasser bestreichen, etwas übereinander legen, gut andrücken und die Platten mehrmals mit einer Gabel einstechen. Das Backblech in den Backofen schieben.

**Ober-/Unterhitze: etwa 200 °C (vorgeheizt)**
**Heißluft: etwa 180 °C (vorgeheizt)**
**Gas: Stufe 3–4 (vorgeheizt)**
**Backzeit: etwa 15 Min.**

**3** Die Blätterteigplatte vom Backpapier lösen und auf einem Kuchenrost erkalten lassen.

**4** Für die Puddingcreme Pudding-Pulver mit Zucker mischen und mit der Sahne sorgfältig anrühren. Die Milch zum Kochen bringen, das angerührte Pudding-Pulver unter Rühren hinzufügen und einmal aufkochen lassen.

**5** Den Pudding mit Klarsichtfolie zudecken und erkalten lassen. Den kalten Pudding durchrühren und den Rum unterrühren. Sahne steif schlagen und unterheben.

**6** Die Blätterteigplatte einmal waagerecht durchschneiden. Die untere Platte auf eine Tortenplatte legen und die Hälfte der Puddingcreme darauf verteilen. Die Löffelbiskuits darauf legen, mit Rum beträufeln und die restliche Creme darauf verteilen. Die obere Blätterteigplatte darauf legen und leicht andrücken. Die Torte 1–2 Stunden kalt stellen.

**7** Die Torte vor dem Servieren mit Puderzucker bestäuben und mit Schokolade bestreuen.

# Amrumer Wattwurmtorte

**Zubereitungszeit: 35 Min.**
**Backzeit: etwa 30 Min.**

**Insgesamt:**
**E: 86 g, F: 427 g, Kh: 738 g, kJ: 31668, kcal: 7565**

Für den Rührteig:
- **250 g Butter**
- **200 g Zucker**
- **1 Pck. Vanillin-Zucker**
- **1 Prise Salz**
- **1 Pck. Geriebene Zitronenschale**
- **4 Eier (Größe M)**
- **250 g Weizenmehl**
- **50 g Speisestärke**
- **3 gestr. TL Backpulver**
- **2 EL Kakaopulver**
- **1 EL Milch**

- **Semmelbrösel**

Für die Füllung:
- **2 Gläser Sauerkirschen (à Abtropfgewicht 370 g)**
- **2 Pck. Pudding-Pulver Vanille-Geschmack**

Für den Belag:
- **600 ml Schlagsahne**
- **2 Pck. Sahnesteif**
- **4 cl Eierlikör**
- **6 cl Blue Curaçao**

1 Für den Rührteig Butter mit Handrührgerät mit Rührbesen auf höchster Stufe geschmeidig rühren. Nach und nach Zucker, Vanillin-Zucker, Salz und Zitronenschale unterrühren, so lange rühren, bis eine gebundene Masse entstanden ist. Eier nach und nach unterrühren (jedes Ei etwa 1/2 Minute).

2 Mehl, Speisestärke und Backpulver mischen, sieben und portionsweise auf mittlerer Stufe unterrühren. Gut 2/3 des Teiges auf ein gefettetes, mit Semmelbröseln bestreutes Backblech (38 x 28 cm) streichen. Vor den Teig einen mehrfach geknickten Streifen Alufolie legen.

3 Kakao und Milch unter den Rest des Teiges rühren. Den dunklen Teig in einen Spritzbeutel mit Lochtülle füllen und etwa 5 cm lange »Wattwürmer« auf den hellen Teig spritzen. Das Backblech in den Backofen schieben.

**Ober-/Unterhitze: 180–200 °C (vorgeheizt)**
**Heißluft: 160–170 °C (nicht vorgeheizt)**
**Gas: Stufe 3–4 (nicht vorgeheizt)**
**Backzeit: etwa 30 Min.**

4 Den Boden auf dem Backblech erkalten lassen.

5 Für die Füllung Sauerkirschen auf einem Sieb abtropfen lassen, dabei den Saft auffangen und 850 ml davon abmessen (evtl. mit Wasser auffüllen). Pudding-Pulver mit etwas Kirschsaft anrühren. Den übrigen Saft zum Kochen bringen, von der Kochstelle nehmen, das angerührte Pudding-Pulver einrühren und aufkochen lassen. Erst dann die Sauerkirschen unterrühren. Die Kirschmasse auf dem Boden verteilen und erkalten lassen.

6 Für den Belag Sahne mit Sahnesteif steif schlagen und auf der Sauerkirschmasse verteilen. Mit Hilfe eines Teelöffels leichte Vertiefungen in die Sahne eindrücken. Eierlikör und Blue Curaçao verrühren und in den Sahnevertiefungen verteilen.

**Tip:**
Anstelle der Sauerkirschen können auch Heidelbeeren (aus dem Glas) verwendet werden.

# Pharisäer-Torte

**Zubereitungszeit: 40 Min., ohne Kühlzeit**
**Backzeit: 30–35 Min.**

**Insgesamt:**
**E: 81 g, F: 228 g, Kh: 326 g, kJ: 16452, kcal: 3931**

Für den Biskuitteig:
- **4 Eier (Größe M)**
- **2 EL Instant-Kaffeepulver**
- **125 g Zucker**
- **1 Pck. Vanillin-Zucker**
- **1 Prise Salz**
- **75 g Weizenmehl**
- **25 g Speisestärke**
- **1 gestr. TL Backpulver**

Für die Füllung:
- **5 Blatt weiße Gelatine**
- **250 ml (1/4 l) Milch**
- **50 g Zucker**
- **4 Eigelb (Größe M)**
- **250 ml (1/4 l) Schlagsahne**
- **5 EL Rum**

- **250 ml (1/4 l) Schlagsahne**
- **50 g Schokoladenraspel**
- **Puderzucker**

**1** Für den Biskuitteig Eier mit Handrührgerät mit Rührbesen auf höchster Stufe in 1 Minute schaumig schlagen. Kaffeepulver, Zucker, Vanillin-Zucker und Salz mischen, in 1 Minute einstreuen, dann noch etwa 2 Minuten schlagen.

**2** Mehl, Speisestärke und Backpulver mischen, die Hälfte davon auf die Eiercreme sieben, kurz auf niedrigster Stufe unterrühren. Den Rest des Mehlgemisches auf die gleiche Weise unterarbeiten. Den Teig in eine Springform (Ø 26 cm, Boden gefettet, mit Backpapier belegt) füllen. Die Form auf dem Rost in den Backofen schieben und sofort backen.

**Ober-/Unterhitze:**
**180–200 °C (vorgeheizt)**
**Heißluft: –**
**Gas: Stufe 3–4**
**(nicht vorgeheizt)**
**Backzeit: 30–35 Min.**

**3** Den Boden aus der Form lösen, auf einen mit Backpapier belegten Kuchenrost stürzen, das mitgebackene Backpapier abziehen und den Boden erkalten lassen.

**4** Den erkalteten Boden einmal waagerecht durchschneiden. Den unteren Boden auf eine Tortenplatte legen und einen Tortenring darumstellen.

**5** Für die Füllung Gelatine nach Packungsaufschrift einweichen. Milch, Zucker und Eigelb unter Rühren erhitzen, bis die Masse dicklich wird. Ausgedrückte Gelatine darin auflösen und die Masse etwas abkühlen lassen.

**6** Sobald die Masse anfängt dicklich zu werden, Sahne steif schlagen. Rum unterrühren und Sahne unterziehen. Die Füllung in den Tortenring geben, glattstreichen, mit dem oberen Boden bedecken und leicht andrücken. Die Torte etwa 3 Stunden kalt stellen.

**7** Sahne steif schlagen. Den Tortenring entfernen, den Tortenrand mit Sahne bestreichen und mit Schokoladenraspeln bestreuen. Die Torte kurz vor dem Servieren mit Puderzucker bestäuben.

# Aida-Torte

*Zubereitungszeit: 60 Min., ohne Kühlzeit*
*Backzeit: etwa 50 Min.*

*Insgesamt:*
*E: 87 g, F: 301 g, Kh: 738 g, kJ: 26108, kcal: 6238*

Für die Füllung:
- **125 ml (1/8 l) Schlagsahne**
- **300 g Zartbitterschokolade**
- **1 Pck. Vanillin-Zucker**
- **2 EL Orangenlikör**

Für den Nuß-Biskuitteig:
- **2 Eier (Größe M)**
- **2 EL heißes Wasser**
- **75 g Zucker**
- **1 Pck. Vanillin-Zucker**
- **50 g Weizenmehl**
- **50 g Speisestärke**
- **1/2 gestr. TL Backpulver**
- **25 g gemahlene Haselnußkerne**

Für den Schokoladen-Biskuitteig:
- **2 Eier (Größe M)**
- **2 EL heißes Wasser**
- **75 g Zucker**
- **1 Pck. Vanillin-Zucker**
- **50 g Weizenmehl**
- **50 g Speisestärke**
- **1/2 gestr. TL Backpulver**
- **30 g geriebene Zartbitterschokolade**

Für den Guß:
- **200 g Zartbitter-Kuvertüre**
- **15 g Kokosfett**
- **je 75 g geschabte Vollmilch-, Zartbitter- und weiße Kuvertüre**

**1** Für die Füllung die Sahne in einem Topf erhitzen. Die Schokolade grob zerkleinern und unter Rühren in der Sahne auflösen. Vanillin-Zucker und Orangenlikör unterrühren. Die Schokoladensahne einige Stunden kalt stellen.

**2** Für den Nuß- und Schokoladen-Biskuitteig jeweils getrennt Eier und Wasser mit Handrührgerät mit Rührbesen auf höchster Stufe in 1 Minute schaumig schlagen. Zucker mit Vanillin-Zucker mischen, in 1 Minute einstreuen, dann noch etwa 2 Minuten schlagen.

**3** Mehl, Speisestärke und Backpulver mischen, die Hälfte davon auf die Eiercreme sieben und kurz auf niedrigster Stufe unterrühren. Den Rest des Mehlgemisches auf dieselbe Weise unterarbeiten.

**4** Für den Nuß-Biskuitteig zuletzt Haselnußkerne, für den Schokoladen-Biskuitteig zuletzt Schokolade kurz unterrühren. Die Teige getrennt in eine Springform (Ø 26 cm, Boden gefettet, mit Backpapier belegt) füllen. Die Form jeweils auf dem Rost in den Backofen schieben und sofort backen.

**Ober-/Unterhitze: etwa 180 °C (vorgeheizt)**
**Heißluft: –**
**Gas: etwa Stufe 3 (vorgeheizt)**
**Backzeit: etwa 25 Min. pro Boden**

**5** Die Böden aus der Form lösen, auf einen mit Backpapier belegten Kuchenrost stürzen, mitgebackenes Backpapier abziehen, die Böden erkalten lassen und einmal waagerecht durchschneiden.

**6** Schokoladensahne steif schlagen. Den unteren Nußboden auf eine Tortenplatte legen, mit 1/3 der Schokoladensahne bestreichen, mit dem unteren Schokoladenboden bedecken. Mit der Hälfte der restlichen Schokoladensahne bestreichen, mit dem oberen Nußboden bedecken, mit der restlichen Sahne bestreichen, den oberen Schokoladenboden darauf legen und andrücken.

**7** Für den Guß Kuvertüre grob zerkleinern, mit Kokosfett in einem Topf im Wasserbad zu geschmeidiger Masse verrühren, die Torte damit überziehen und fest werden lassen. Vor dem Servieren Torte mit geschabter Kuvertüre garnieren.

# Ballerina-Torte

**Zubereitungszeit: 40 Min.**
**Backzeit: 35–40 Min.**

**Insgesamt:**
**E: 78 g, F: 274 g, Kh: 410 g, kJ: 19868, kcal: 4749**

Für den Biskuitteig:
- **5 Eier (Größe M)**
- **200 g Zucker**
- **1 Pck. Vanillin-Zucker**
- **100 g Weizenmehl**
- **50 g Speisestärke**
- **2 gestr. TL Backpulver**

- **2 EL Rum**

Für die Füllung:
- **8 Blatt weiße Gelatine**
- **4 TL Instant-Kaffeepulver**
- **125 ml (1/8 l) heißes Wasser**
- **3–5 EL Rum**
- **50 g Zucker**
- **1 Pck. Vanillin-Zucker**
- **750 ml (3/4 l) Schlagsahne**

- **1 EL Schokoladenraspel**
- **1 EL gehackte Pistazienkerne**

**1** Für den Biskuitteig Eier und Wasser mit Handrührgerät mit Rührbesen auf höchster Stufe in 1 Minute schaumig schlagen. Zucker und Vanillin-Zucker mischen, in 1 Minute einstreuen, dann noch etwa 2 Minuten schlagen.

**2** Mehl, Speisestärke und Backpulver mischen, die Hälfte davon auf die Eiercreme sieben, kurz auf niedrigster Stufe unterrühren, den Rest des Mehlgemisches auf die gleiche Art unterarbeiten. Den Teig in eine Springform (Ø 28 cm, Boden gefettet, mit Backpapier belegt) füllen. Die Form auf dem Rost in den Backofen schieben und sofort backen.

**Ober-/Unterhitze:**
**180–200 °C (vorgeheizt)**
**Heißluft: –**
**Gas: Stufe 3–4**
**(nicht vorgeheizt)**
**Backzeit: 35–40 Min.**

**3** Den Boden aus der Form lösen und auf einen mit Backpapier belegten Kuchenrost stürzen. Das mitgebackene Backpapier abziehen, den Boden mit Rum beträufeln und erkalten lassen.

**4** Für die Füllung Gelatine nach Packungsaufschrift einweichen. Kaffeepulver in Wasser auflösen. Die ausgedrückte Gelatine darin auflösen. Rum, Zucker und Vanillin-Zucker hinzufügen. Die Flüssigkeit kühl stellen.

**5** Sahne steif schlagen. Wenn die Flüssigkeit beginnt dicklich zu werden, Sahne unterheben.

**6** Den Biskuitboden zweimal waagerecht durchschneiden. Den unteren Boden mit 1/3 der Sahnemasse bestreichen, den mittleren Boden darauf legen, mit 1/3 der Sahnemasse bestreichen. Mit dem oberen, beträufelten Boden bedecken.

**7** Tortenrand und -oberfläche mit restlicher Sahnemasse bestreichen und verzieren. Mit Schokoladenraspeln und Pistazien garnieren.

**Tip:**
Für die »Ballettschuhe« 50 g weiche Butter in einer Rührschüssel mit Handrührgerät mit Rührbesen cremig rühren. 100 g aufgelöste, abgekühlte weiße Schokolade auf niedrigster Stufe unterrühren. 2 Teelöffel Instant-Kaffeepulver in 1 Teelöffel heißem Wasser auflösen, nach und nach unter die Creme rühren. Die Creme in einen Spritzbeutel mit Tüllenaufsatz füllen und 2 etwa 12 cm lange Streifen auf die Tortenoberseite spritzen. Beide Streifen an einem Ende etwas aushöhlen und die restliche Creme mit kleinster Lochtülle als »Schnürsenkel« auf die »Schuhe« spritzen. Die Schuhe evtl. mit einem feuchten Messer glätten.

# Alientorte

*Zubereitungszeit: 45 Min., ohne Kühlzeit*
*Backzeit: 60–70 Min.*

*Insgesamt:*
*E: 70 g, F: 138 g, Kh: 247 g, kJ: 11050, kcal: 2637*

Für den Baiserboden:
- **3 Eiweiß (Größe M)**
- **150 g feinkörniger Zucker**

Für die Füllung:
- **400 g Erdbeeren**
- **1 EL Zucker**
- **200 ml Schlagsahne**
- **1 Pck. Sahnesteif**
- **250 g Speisequark (20 % Fett i.Tr.)**

Für die Sauce:
- **2 Eigelb (Größe M)**
- **2 EL Zucker**
- **1 Pck. Vanillin-Zucker**
- **100 ml Schlagsahne**
- **1/2 Pck. Sahnesteif**
- **2 cl Erdbeerlikör**

- **100 g Erdbeeren**

**1** Für den Baiserboden Eiweiß mit Handrührgerät mit Rührbesen auf höchster Stufe steif schlagen. Der Schnee muß so fest sein, daß ein Messerschnitt sichtbar bleibt.

**2** Zucker eßlöffelweise unterschlagen. Einen Kreis (Ø 26 cm) auf Backpapier aufzeichnen, das Papier auf ein Backblech legen und den markierten Kreis mit der Eiweißmasse ausstreichen. Das Backblech in den Backofen schieben. Die Backofentür während des Backens evtl. einen Spalt geöffnet halten.

**Ober-/Unterhitze: 100–110 °C (vorgeheizt)**
**Heißluft: 100–110 °C (nicht vorgeheizt)**
**Gas: etwa Stufe 1 (nicht vorgeheizt), nach etwa 30 Minuten den Backofen ausschalten und den Boden noch etwa 20 Minuten im ausgeschalteten Backofen stehen lassen**
**Backzeit: 60–70 Min.**

**3** Den Baiserboden von dem Backpapier lösen und auf einem Kuchenrost erkalten lassen.

**4** Für die Füllung Erdbeeren waschen, putzen, entstielen, vierteln, in eine Schüssel geben und mit Zucker bestreuen. Den sich bildenden Saft abschütten.

**5** Sahne mit Sahnesteif steif schlagen und mit dem Quark verrühren. Die Erdbeeren unterheben. Den Baiserboden auf eine Tortenplatte legen und die Erdbeer-Quark-Masse bergartig darauf geben.

**6** Für die Sauce Eigelb mit Zucker und Vanillin-Zucker im Wasserbad zu einer dicklichen Creme aufschlagen. Aus dem Wasserbad nehmen und kalt schlagen.

**7** Sahne mit Sahnesteif steif schlagen und vorsichtig unterheben. Den Erdbeerlikör unterziehen. Die Sauce von der Mitte aus über die Torte geben und kalt stellen.

**8** Die Torte kurz vor dem Servieren mit den gewaschenen, geputzten Erdbeeren garnieren.

**Tips:**
Schneller gehts, wenn man einen fertigen Baiserboden verwendet. Wenn Kinder mitessen, die Sauce ohne Erdbeerlikör zubereiten. Nur ganz frische Eier verwenden.

# Kapuzinertorte

**Zubereitungszeit: 50 Min., ohne Kühlzeit**
**Backzeit: etwa 30 Min.**

**Insgesamt:**
**E: 82 g, F: 228 g, Kh: 456 g, kJ: 18951, kcal: 4528**

Für den Biskuitteig:
- **4 Eier (Größe M)**
- **4 EL heißes Wasser**
- **125 g Zucker**
- **1 Pck. Vanillin-Zucker**
- **75 g Weizenmehl**
- **50 g Speisestärke**
- **1 gestr. TL Backpulver**
- **50 g abgezogene, gemahlene Mandeln**
- **50 g zerlassene, abgekühlte Butter**

Für den Boden:
- **14 Löffelbiskuits**
- **2 EL Kirschwasser**

- **100 g Kuvertüre**
- **2 EL Kirschwasser**

Für den Belag:
- **2 Blatt weiße Gelatine**
- **250 ml (1/4 l) Schlagsahne**
- **6 Löffelbiskuits**
- **1 Pck. (75 g) Baisergebäck**
- **30 g geriebene Zartbitterschokolade**
- **1 EL gemahlener Zimt**

**1** Für den Biskuitteig Eier und Wasser mit Handrührgerät mit Rührbesen auf höchster Stufe in 1 Minute schaumig schlagen. Zucker mit Vanillin-Zucker mischen, in 1 Minute einstreuen, dann noch etwa 2 Minuten schlagen.

**2** Mehl, Speisestärke und Backpulver mischen, die Hälfte davon auf die Eiercreme sieben und kurz auf niedrigster Stufe unterrühren. Den Rest des Mehlgemisches auf dieselbe Weise unterarbeiten. Mandeln und Butter vorsichtig unterrühren.

**3** Für den Boden Löffelbiskuits auf dem Boden einer Springform (Ø 26 cm, Boden gefettet, mit Backpapier belegt) verteilen und mit Kirschwasser tränken. Den Biskuitteig einfüllen, die Form auf dem Rost in den Backofen schieben und sofort backen.

**Ober-/Unterhitze: etwa 200 °C (vorgeheizt)**
**Heißluft: –**
**Gas: Stufe 3–4 (nicht vorgeheizt)**
**Backzeit: etwa 30 Min.**

**4** Den Boden aus der Form lösen, auf einen Kuchenrost stürzen und das Backpapier abziehen.

**5** Die Kuvertüre in einem kleinen Topf im Wasserbad bei schwacher Hitze zu einer geschmeidigen Masse verrühren. Die obenliegende Seite (mit den Löffelbiskuits) des noch warmen Bodens mit der Kuvertüre überziehen und erkalten lassen.

**6** Den erkalteten Kuchen wieder umdrehen und mit Kirschwasser tränken.

**7** Für den Belag Gelatine nach Packungsaufschrift einweichen. Sahne fast steif schlagen. Gelatine ausdrücken, auflösen und unter die Sahne rühren. Sahne vollkommen steif schlagen.

**8** Löffelbiskuits in Würfel schneiden und unter die Sahne heben. Die Sahnemasse kuppelartig auf den Boden häufen. Das Baisergebäck grob zerkleinern und auf der Sahnemasse verteilen. Die Torte mit Schokolade und Zimt bestreuen und etwa 1 Stunde kalt stellen.

# Mokka-Eierlikör-Eistorte

***Zubereitungszeit: 60 Min., ohne Kühlzeit***
***Backzeit: für den Knetteigboden etwa 15 Min., pro Baiserboden etwa 75 Min.***

***Insgesamt:***
***E: 60 g, F: 397 g, Kh: 501 g, kJ: 25244, kcal: 6034***

Für den Knetteig:

- **150 g Weizenmehl**
- **1 Msp. Backpulver**
- **50 g Zucker**
- **1 Pck. Vanillin-Zucker**
- **100 g Butter**

Für die Baisermasse:

- **4 Eiweiß (Größe M)**
- **200 g feinkörniger Zucker**

Für das Eis:

- **1 l Schlagsahne**
- **3 Pck. Sahnesteif**
- **2 Pck. Vanillin-Zucker**
- **4 EL Eierlikör**
- **2 TL Instant-Kaffepulver**
- **1 EL kaltes Wasser**

- **3 EL Johannisbeergelee**
- **Kakaopulver**

**1** Für den Knetteig Mehl mit Backpulver mischen, in eine Rührschüssel sieben. Zucker, Vanillin-Zucker und Butter hinzufügen. Zutaten mit Handrührgerät mit Knethaken zunächst kurz auf niedrigster, dann auf höchster Stufe gut durcharbeiten. Anschließend auf der bemehlten Arbeitsfläche zu einem glatten Teig verkneten.

**2** Den Teig auf dem Boden einer Springform (Ø 28 cm) ausrollen und mehrmals mit einer Gabel einstechen. Den Springformrand darumlegen und die Form auf dem Rost in den Backofen schieben.

**Ober-/Unterhitze: 200–220 °C (vorgeheizt)**
**Heißluft: etwa 180 °C (vorgeheizt)**
**Gas: Stufe 3–4 (vorgeheizt)**
**Backzeit: etwa 15 Min.**

**3** Den Tortenboden sofort nach dem Backen vom Springformboden lösen, aber darauf erkalten lassen.

**4** Für die Baisermasse Eiweiß mit Handrührgerät mit Rührbesen auf höchster Stufe steif schlagen, nach und nach Zucker unterschlagen. 3 Eßlöffel der Masse in einen Spritzbeutel mit Lochtülle füllen und zurücklassen.

**5** Backpapier auf Backbleche legen, 3 Kreise (Ø 28 cm) vorzeichnen, den inneren Kreis mit einem Ring der Baisermasse ausspritzen, dann die ganze Fläche mit der Baisermasse ausstreichen. Aus der zurückgelassenen Baisermasse kleine Motive mit auf das Backpapier spritzen. Das Backblech in den Backofen schieben.

**Ober-/Unterhitze: 100–110 °C (vorgeheizt)**
**Heißluft: 100–110 °C (nicht vorgeheizt)**
**Gas: Stufe 1 (nicht vorgeheizt), nach 30 Minuten Backofen ausschalten, Böden noch etwa 20 Minuten im Backofen stehen lassen**
**Backzeit: etwa 75 Min. pro Boden**

**6** Baiserböden und -motive nach dem Backen vom Backpapier lösen, erkalten lassen und bis zur Weiterverarbeitung in gut schließenden Blechdosen (oder in Alufolie gewickelt) aufbewahren, damit sie nicht weich werden.

**7** Für das Eis Sahne mit Sahnesteif und Vanillin-Zucker steif schlagen. Unter $^1/_4$ der Sahne Eierlikör rühren. Kaffeepulver in dem Wasser auflösen und unter $^1/_3$ der übrigen Sahne rühren.

**8** Den Knetteigboden mit Johannisbeergelee bestreichen, mit einem der Baiserböden bedecken, mit der Eierlikörsahne bestreichen, mit dem zweiten Baiserboden bedecken, mit der Mokkasahne bestreichen und mit dem drit-

(Fortsetzung Seite 100)

ten Boden bedecken. Diese mit der Hälfte der restlichen Sahne bestreichen.

**9** Die übrige Sahne in einen Spritzbeutel mit Lochtülle füllen, den Rand der Torte damit verzieren. Die Torte in das Gefrierfach stellen (am besten über Nacht) und gefrieren lassen.

**10** Die Torte etwa 1 1/2 Stunden vor dem Verzehr aus dem Gefrierfach nehmen. Die Torte kurz vor dem Verzehr mit den Baisermotiven garnieren und mit Kakao bestäuben.

## Zarewitsch-Torte

*Zubereitungszeit: 40 Min.*
*Backzeit: etwa 35 Min.*

*Insgesamt:*
*E: 78 g, F: 378 g, Kh: 298 g, kJ: 22101, kcal: 5281*

Für den Rührteig:
- **120 g Butter oder Margarine**
- **150 g Zucker**
- **1 Pck. Vanillin-Zucker**
- **3 Eier (Größe M)**
- **100 g Zartbitter-schokolade**
- **50 g Weizenmehl**
- **1 gestr. TL Backpulver**
- **130 g abgezogene, gemahlene Mandeln**
- **1 EL kalter Kaffee**

Zum Tränken:
- **125 ml (1/8 l) Weißwein**
- **3 EL brauner Rum**

Für den Belag:
- **500 ml (1/2 l) Schlagsahne**
- **2 Pck. Sahnesteif**
- **1 EL Zucker**
- **1 EL gesiebtes Kakaopulver**
- **1 EL kalter, starker Kaffee**

- **1 TL Kakaopulver**

**1** Für den Rührteig Butter oder Margarine mit Handrührgerät mit Rührbesen auf höchster Stufe geschmeidig rühren. Nach und nach Zucker und Vanillin-Zucker unterrühren, so lange rühren, bis eine gebundene Masse entstanden ist. Eier nach und nach unterrühren (jedes Ei etwa 1/2 Minute).

**2** Die Schokolade in einem kleinen Topf im Wasserbad bei schwacher Hitze zu einer geschmeidigen Masse verrühren und unter die Fett-Eier-Masse rühren.

**3** Mehl mit Backpulver mischen, sieben und auf mittlerer Stufe unterrühren. Mandeln und Kaffee unterrühren. Den Teig in eine Springform (Ø 26 cm, Boden gefettet) füllen. Die Form in den Backofen schieben.

Ober-/Unterhitze: etwa 180 °C (vorgeheizt)
Heißluft: etwa 160 °C (nicht vorgeheizt)
Gas: etwa Stufe 3 (nicht vorgeheizt)
Backzeit: etwa 35 Min.

**4** Den Boden aus der Form lösen und auf einen mit Backpapier belegten Kuchenrost stürzen. Weißwein mit Rum mischen und den noch heißen Boden damit tränken. Den Boden dann erkalten lassen.

**5** Für den Belag die Hälfte der Sahne mit 1 Päckchen Sahnesteif steif schlagen und auf den Boden streichen.

**6** Die restliche Sahne mit Zucker, restlichem Sahnesteif und Kakao steif schlagen, den Kaffee unterrühren und die Sahnemasse in einen Spritzbeutel nur mit Tüllenring (oder mit Lochtülle) füllen. Die Torte mit Sahnetuffs verzieren. Vor dem Servieren mit Kakao bestäuben.

# Mikado-Torte

**Zubereitungszeit: 55 Min., ohne Kühlzeit**
**Backzeit: etwa 20 Min.**

**Insgesamt:**
**E: 64 g, F: 260 g, Kh: 467 g, kJ: 19556, kcal: 4677**

Für den Biskuitteig:
- **2 Eier (Größe M)**
- **2 EL heißes Wasser**
- **80 g Zucker**
- **1 Pck. Vanillin-Zucker**
- **60 g Weizenmehl**
- **20 g Kakaopulver**
- **1 gestr. TL Backpulver**

Für den Belag:
- **5 Bananen**
- **1 Pck. Tortenguß, klar**
- **100 ml Weißwein**
- **150 ml Apfelsaft**
- **3 EL Zucker**
- **3 Blatt weiße Gelatine**
- **400 ml Schlagsahne**
- **2 EL Zucker**

Für den Guß:
- **1 Blatt weiße Gelatine**
- **125 ml (1/8 l) Schlagsahne**
- **100 g Zartbitterschokolade**

- **125 ml (1/8 l) Schlagsahne**
- **1/2 Pck. Sahnesteif**
- **24 Mikadostäbchen (Kekssticks mit Schokolade)**

**1** Für den Biskuitteig Eier und Wasser mit Handrührgerät mit Rührbesen auf höchster Stufe in 1 Minute schaumig schlagen. Zucker mit Vanillin-Zucker mischen, in 1 Minute einstreuen, dann noch etwa 2 Minuten schlagen.

**2** Mehl, Kakao und Backpulver mischen, auf die Eiercreme sieben und kurz auf niedrigster Stufe unterrühren. Den Teig in eine Springform (Ø 26 cm, Boden gefettet, mit Backpapier belegt) füllen. Die Form auf dem Rost in den Backofen schieben und sofort backen.

**Ober-/Unterhitze: etwa 170 °C (vorgeheizt)**
**Heißluft: –**
**Gas: etwa Stufe 3 (vorgeheizt)**
**Backzeit: etwa 20 Min.**

**3** Den Boden aus der Form lösen, auf einen Kuchenrost stürzen, das Backpapier abziehen und den Boden erkalten lassen. Den erkalteten Boden auf eine Tortenplatte legen und einen Tortenring darumlegen.

**4** Für den Belag Bananen schälen, längs halbieren und den Boden dicht damit belegen. Aus Tortenguß, Wein, Apfelsaft und Zucker nach Packungsaufschrift einen Guß zubereiten, über die Bananen gießen und erkalten lassen.

**5** Gelatine nach Packungsaufschrift einweichen. Sahne mit Zucker fast steif schlagen, die ausgedrückte, aufgelöste Gelatine auf einmal hinzugeben und die Sahne vollkommen steif schlagen. Die Masse auf den erkalteten Tortenguß streichen.

**6** Für den Guß Gelatine nach Packungsaufschrift einweichen. Sahne in einem Topf erwärmen und die Schokolade darin zerlassen. Gelatine ausdrücken, in der Schokoladensahne auflösen und alles etwas abkühlen lassen. Den Guß auf die Sahneschicht geben und die Torte 2–3 Stunden kalt stellen.

**7** Den Tortenring entfernen. Sahne mit Sahnesteif steif schlagen und in einen Spritzbeutel mit Sterntülle füllen. Die Torte mit der Sahne verzieren und mit Mikadostäbchen garnieren.

**Tip:**
Wenn Kinder mitessen, den Weißwein durch Apfelsaft austauschen.

Es müssen nicht immer Torten sein. Auch unsere Kuchen führen Sie in Versuchung.

# Kuchen-versuchungen

## Feuerwehrkuchen

*Zubereitungszeit: 30 Min.*
*Backzeit: etwa 45 Min.*

*Insgesamt:*
*E: 74 g, F: 376 g, Kh: 594 g, kJ: 26199, kcal: 6258*

Für den Knetteig:
- **250 g Weizenmehl**
- **$^1/_2$ TL Backpulver**
- **75 g Zucker**
- **1 Prise Salz**
- **1 Ei (Größe M)**
- **125 g Butter**

Für den Belag:
- **1 Glas Sauerkirschen (Abtropfgewicht 370 g)**
- **1 Pck. Pudding-Pulver Vanille-Geschmack**
- **2 EL Zucker**
- **250 ml ($^1/_4$ l) Milch**

Für die Streusel:
- **75 g Weizenmehl**
- **75 g Zucker**
- **1 Pck. Vanillin-Zucker**
- **75 g gemahlene**
- **Haselnußkerne**
- **100 g weiche Butter**

Zum Verzieren und Garnieren:
- **400 ml Schlagsahne**
- **2 Pck. Sahnesteif**
- **geschabte Schokolade**

**1** Für den Knetteig Mehl mit Backpulver mischen und in eine Rührschüssel sieben. Zucker, Salz, Ei und Butter hinzufügen. Die Zutaten mit Handrührgerät mit Knethaken zunächst kurz auf niedrigster, dann auf höchster Stufe gut durcharbeiten.

**2** Anschließend auf der bemehlten Arbeitsfläche zu einem glatten Teig verkneten. Sollte er kleben, ihn eine Zeitlang kalt stellen. Den Teig auf einem gefetteten Springformboden (Ø 28 cm) ausrollen und mehrmals mit einer Gabel einstechen. Den Springformrand (mit Backpapier ausgelegt) um den Boden legen.

**3** Für den Belag Sauerkirschen auf einem Sieb gut abtropfen lassen. Aus Pudding-Pulver, Zucker und Milch nach Packungsaufschrift aber nur mit 250 ml ($^1/_4$ l) Milch – einen Pudding zubereiten. Die Kirschen unter den Pudding heben und die Masse auf dem Teig verteilen.

(Fortsetzung Seite 106)

**4** Für die Streusel Mehl in eine Rührschüssel sieben, mit Zucker, Vanillin-Zucker und Haselnüssen mischen und Butter hinzufügen.

**5** Alle Zutaten mit Handrührgerät mit Knethaken zu Streuseln von gewünschter Größe verarbeiten und gleichmäßig auf der Kirsch-Pudding-Masse verteilen. Die Form auf dem Rost in den Backofen schieben.

**Ober-/Unterhitze: etwa 180 °C (vorgeheizt)**
**Heißluft: etwa 160 °C (nicht vorgeheizt)**
**Gas: Stufe 2–3 (nicht vorgeheizt)**
**Backzeit: etwa 45 Min.**

**6** Den Kuchen aus der Form lösen und auf einem Kuchenrost erkalten lassen.

**7** Sahne mit Sahnesteif steif schlagen, mit einem Eßlöffel auf die Torte »klecksen« und mit Schokolade garnieren.

**Tip:**
Den Kuchen nach Belieben mit Kakao bestäuben.

# Schneller Bienenstich

***Zubereitungszeit: 35 Min.***
***Backzeit: etwa 30 Min.***

***Insgesamt:***
***E: 84 g, F: 253 g, Kh: 348 g, kJ: 17544, kcal: 4192***

Für den Teig:
- **4 Eier (Größe M)**
- **150 g Zucker**
- **1 Pck. Vanillin-Zucker**
- **125 g Weizenmehl**
- **2 gestr. TL Backpulver**
- **50 g abgezogene, gemahlene Mandeln**
- **100 g abgezogene, gehobelte Mandeln**
- **15 g Zucker**

- **25 g Butter**

Für die Füllung:
- **1 Pck. Paradies-Creme Vanille-Geschmack (Pudding-Pulver ohne Kochen)**
- **400 ml Schlagsahne**

**1** Für den Teig Eier, Zucker und Vanillin-Zucker in eine Rührschüssel geben und mit Handrührgerät mit Rührbesen mindestens 6 Minuten schaumig schlagen.

**2** Mehl mit Backpulver mischen, sieben und portionsweise auf mittlerer Stufe unterrühren. Die gemahlenen Mandeln unterrühren. Den Teig in eine Springform (Ø 26 cm, Boden gefettet, mit Backpapier belegt) geben, die gehobelten Mandeln darauf verteilen und mit Zucker bestreuen. Die Form auf dem Rost in den Backofen schieben.

**Ober-/Unterhitze: etwa 170 °C (vorgeheizt)**
**Heißluft: etwa 150 °C (nicht vorgeheizt)**
**Gas: etwa Stufe 3 (nicht vorgeheizt)**
**Backzeit: etwa 30 Min.**

**3** Den Boden aus der Form lösen und auf einen Kuchenrost legen. Die Butter zerlassen, auf dem heißen Boden verteilen und erkalten lassen. Den erkalteten Boden einmal waagerecht durchschneiden.

**4** Für die Füllung Paradies-Creme und Sahne mit Handrührgerät mit Rührbesen in etwa 3 Minuten cremig rühren. Die Creme auf den unteren Boden streichen und den oberen Boden darauf legen.

**Tip:**
Schmeckt am besten frisch.

# Nuss-Nougat-Kuchen mit Pfirsichen

**Zubereitungszeit: 45 Min., ohne Kühlzeit**
**Backzeit: etwa 45 Min.**

**Insgesamt:**
**E: 100 g, F: 481 g, Kh: 361 g, kJ: 26734, kcal: 6387**

Für die Nuß-Nougat-Sahne:
- **500 ml (1/2 l) Schlagsahne**
- **100 g kleingehackte Nuß-Nougat-Schokolade**
- **2 Pck. Vanillin-Zucker**
- **2 Pck. Sahnesteif**

Für den Rührteig:
- **100 g Butter oder Margarine**
- **100 g Zucker**
- **1 Pck. Vanillin-Zucker**
- **1 Prise Salz**
- **1 Pck. Natürliches Jamaika-Rum-Aroma**
- **6 Eigelb (Größe M)**
- **200 g gemahlene Haselnußkerne**
- **50 g gehobelte Haselnußkerne**
- **1 gestr. TL Backpulver**
- **6 Eiweiß (Größe M)**

Für den Belag:
- **1 große Dose Pfirsichhälften (Abtropfgewicht 480 g)**

Zum Garnieren:
- **50 g Nuß-Nougat-Schokolade**
- **10 g Kokosfett**

**1** Für die Nuß-Nougat-Sahne die Sahne in einem Topf kurz aufkochen lassen und von der Kochstelle nehmen. Die Schokolade mit einem Schneebesen so lange unterrühren, bis sie sich vollständig gelöst hat. Die Nuß-Nougat-Sahne in eine Rührschüssel füllen und zugedeckt kalt stellen (am besten über Nacht).

**2** Für den Rührteig Butter oder Margarine mit Handrührgerät mit Rührbesen auf höchster Stufe geschmeidig rühren. Nach und nach Zucker, Vanillin-Zucker, Salz und Rum-Aroma unterrühren. So lange rühren, bis eine gebundene Masse entstanden ist. Eigelb nach und nach unterrühren (jedes Eigelb knapp 1/2 Minute).

**3** Gemahlene und gehobelte Haselnußkerne mit Backpulver mischen und portionsweise auf mittlerer Stufe unterrühren. Eiweiß steif schlagen und unter den Teig heben. Den Teig in eine Springform (Ø 26 cm, Boden gefettet, mit Backpapier belegt) füllen und glattstreichen. Die Form auf dem Rost in den Backofen schieben.

**Ober-/Unterhitze: etwa 170 °C (vorgeheizt)**
**Heißluft: etwa 150 °C (nicht vorgeheizt)**
**Gas: etwa Stufe 3 (nicht vorgeheizt)**
**Backzeit: etwa 45 Min.**

**4** Den Boden aus der Form lösen, auf einen Kuchenrost stürzen, das Backpapier abziehen und den Boden erkalten lassen. Den erkalteten Boden einmal waagerecht durchschneiden.

**5** Für den Belag Pfirsichhälften auf einem Sieb gut abtropfen lassen. 1/3 der Früchte in dünne Spalten, die restlichen Pfirsichhälften in grobe Spalten schneiden.

**6** Die Nuß-Nougat-Sahne mit Vanillin-Zucker und Sahnesteif steif schlagen. Die Hälfte der Sahne auf den unteren Boden geben, glattstreichen und mit den dünnen Pfirsichspalten belegen (dabei 1 cm am Rand frei lassen).

**7** Den oberen Boden darauf legen und leicht andrücken. Die restliche Nuß-Nougat-Sahne darauf verteilen und mit einem Teelöffel kleine Vertiefungen eindrücken. Die groben Pfirsichspalten darauf verteilen und

(Fortsetzung Seite 110)

den Kuchen mindestens 2 Stunden kalt stellen.

**8** Zum Garnieren Schokolade grob zerkleinern und mit Kokosfett in einem kleinen Topf im Wasserbad bei schwacher Hitze zu einer geschmeidigen Masse verrühren. Die Schokolade in einen kleinen Gefrierbeutel füllen und etwas abkühlen lassen.

**9** Eine kleine Ecke des Gefrierbeutels abschneiden, lange Bahnen auf ein mit Backpapier belegtes Küchenbrett spritzen (die Schokolade sollte bereits so fest sein, daß die Bahnen nicht breit laufen) und kalt stellen.

**10** Die erkalteten Schokoladenstreifen in kleine Stücke schneiden, von dem Backpapier lösen und auf den Kuchen streuen.

■ **Tips:**
Schneller gehts, wenn der Kuchen anstelle der selbstgemachten Schokoladenstücke mit Schokoladenraspeln garniert wird. Der Kuchen kann einen Tag vor dem Verzehr zubereitet werden.

# Verdunklungskuchen

***Zubereitungszeit: 30 Min.***
***Backzeit: 60–70 Min.***

***Insgesamt:***
***E: 69 g, F: 153 g, Kh: 870 g, kJ: 22497, kcal: 5375***

Für den Rührteig:
- **100 g Butter**
- **200 g Zucker**
- **1 Pck. Vanillin-Zucker**
- **1 TL gemahlener Zimt**
- **2 Eier (Größe M)**
- **375 g Weizenmehl**
- **1 Pck. (5 g) Natron**
- **250 ml (1/4 l) dunkles Bier**
- **250 g Rosinen**
- **200 g gewürfeltes Zitronat**

Für den Guß:
- **150 g Halbbitter-Kuvertüre**

**1** Für den Rührteig Butter mit Handrührgerät mit Rührbesen auf höchster Stufe geschmeidig rühren. Nach und nach Zucker, Vanillin-Zucker und Zimt unterrühren. So lange rühren, bis eine gebundene Masse entstanden ist. Eier nach und nach unterrühren (jedes Ei etwa 1/2 Minute).

**2** Mehl mit Natron mischen und portionsweise auf mittlerer Stufe unterrühren. Bier, Rosinen und Zitronat zuletzt unterrühren. Den Teig in eine gefettete, mit Backpapier ausgelegte Kastenform (30 x 11 cm) füllen. Die Form auf dem Rost in den Backofen schieben.

**Ober-/Unterhitze:**
**etwa 180 °C (vorgeheizt)**
**Heißluft: etwa 160 °C**
**(nicht vorgeheizt)**
**Gas: Stufe 2–3**
**(nicht vorgeheizt)**
**Backzeit: 60–70 Min.**

**3** Den Kuchen auf einen mit Backpapier belegten Kuchenrost stürzen und erkalten lassen. Das mitgebackene Backpapier abziehen.

**4** Für den Guß Kuvertüre grob zerkleinern und in einem kleinen Topf im Wasserbad bei schwacher Hitze zu einer geschmeidigen Masse verrühren. Das Gebäck damit überziehen.

■ **Tip:**
Gut gekühlt (in Alufolie verpackt) ist der Kuchen etwa 14 Tage haltbar.

# Ameisenkuchen vom Blech

***Zubereitungszeit: 25 Min.***
***Backzeit: 15–20 Min.***

***Insgesamt:***
***E: 110 g, F: 423 g, Kh: 829 g, kJ: 34323, kcal: 8198***

Für den Rührteig:
- **300 g Butter**
- **300 g Zucker**
- **2 Pck. Vanillin-Zucker**
- **4 Eier (Größe M)**
- **300 g Weizenmehl**
- **3 gestr. TL Backpulver**
- **300 ml Eierlikör**
- **150 g Zartbitter-Schokostreusel**

Für den Guß:
- **200 g weiße Kuvertüre**
- **10 g Kokosfett**

- **Vollmilch- und Zartbitter-Schokostreusel**

**1** Für den Rührteig Butter mit Handrührgerät mit Rührbesen auf höchster Stufe geschmeidig rühren. Nach und nach Zucker und Vanillin-Zucker unterrühren, so lange rühren, bis eine gebundene Masse entstanden ist. Eier nach und nach unterrühren (jedes Ei etwa $^1/_2$ Minute).

**2** Mehl mit Backpulver mischen, sieben und portionsweise auf mittlerer Stufe unterrühren. Eierlikör und Schokostreusel unterrühren. Den Teig auf ein mit Backpapier belegtes Backblech streichen (38 x 28 cm).

**3** An der offenen Seite des Backblechs das Papier unmittelbar vor dem Teig zur Falte knicken, so daß ein Rand entsteht. Das Backblech in den Backofen schieben.

**Ober-/Unterhitze: etwa 180 °C (vorgeheizt)**
**Heißluft: etwa 160 °C (vorgeheizt)**
**Gas: Stufe 2–3 (vorgeheizt)**
**Backzeit: 15–20 Min.**

**4** Den Kuchen auf dem Blech erkalten lassen.

**5** Für den Guß Kuvertüre grob zerkleinern und mit dem Kokosfett in einem kleinen Topf im Wasserbad bei schwacher Hitze zu einer geschmeidigen Masse verrühren.

**6** Den erkalteten Kuchen mit gut $^2/_3$ von dem Guß bestreichen. Den restlichen Guß auf einer Platte ausgießen, fest werden lassen und zu Locken schaben. Den Kuchen mit Kuvertürelocken und mit Schokostreuseln garnieren.

**Tip:**
Sie können den Ameisenkuchen auch in einer Springform (Ø 26 cm) backen. Dazu einfach die Zutatenmengen halbieren und den Kuchen bei der oben angegebenen Temperatur etwa 40 Minuten backen.

Anna

# Schmandkuchen »Schwarz-Weiss« mit

***Zubereitungszeit: 30 Min.***
***Backzeit: etwa 50 Min.***

***Insgesamt:***
***E: 80 g, F: 266 g, Kh: 525 g, kJ: 20770, kcal: 4962***

Für den Rührteig:
- **125 g Butter oder Margarine**
- **100 g Zucker**
- **1 Pck. Vanillin-Zucker**
- **1 Prise Salz**
- **1 Pck. Orangenfrucht**
- **3 Eier (Größe M)**
- **220 g Weizenmehl**
- **15 g Kakaopulver**
- **1 gestr. TL Backpulver**
- **3 EL Schlagsahne**

Für den Belag:
- **2 Dosen Mandarinen (à Abtropfgewicht 175 g)**
- **1 Pck. Pudding-Pulver Vanille-Geschmack**
- **60 g Zucker**
- **375 ml ($^3/_8$ l) Milch**
- **100 g Vollmilch-Kuvertüre**
- **250 g Schmand (Sauerrahm)**

**1** Für den Rührteig Butter oder Margarine mit Handrührgerät mit Rührbesen auf höchster Stufe geschmeidig rühren. Nach und nach Zucker, Vanillin-Zucker, Salz und Orangenfrucht unterrühren, so lange rühren, bis eine gebundene Masse entstanden ist. Eier nach und nach unterrühren (jedes Ei etwa $^1/_2$ Minute).

**2** Mehl, Kakao und Backpulver mischen, sieben und abwechselnd portionsweise mit Sahne auf mittlerer Stufe unterrühren. Den Teig in eine Springform (Ø 26 cm, Boden gefettet) füllen und glattstreichen.

# Mandarinen

**3** Für den Belag Mandarinen auf einem Sieb gut abtropfen lassen. Knapp 1/3 der Mandarinen zum Garnieren zurücklassen, die restlichen Früchte gleichmäßig auf dem Teig verteilen.

**4** Aus Pudding-Pulver, Zucker und Milch nach Packungsaufschrift – aber nur mit 375 ml (3/8 l) Milch – einen Pudding zubereiten und etwas abkühlen lassen.

**5** Kuvertüre grob zerkleinern und in einem kleinen Topf im Wasserbad bei schwacher Hitze zu einer geschmeidigen Masse verrühren. Den Schmand unter den Pudding rühren. Die aufgelöste Kuvertüre unter die Hälfte der Puddingcreme rühren.

**6** Die beiden Puddingcremes getrennt in kleine Gefrierbeutel füllen, jeweils eine Ecke abschneiden und abwechselnd helle und dunkle Streifen auf den Teig spritzen. Die Form auf dem Rost in den Backofen schieben.

**Ober-/Unterhitze: etwa 170 °C (vorgeheizt)**
**Heißluft: etwa 150 °C (nicht vorgeheizt)**
**Gas: etwa Stufe 3 (nicht vorgeheizt)**
**Backzeit: etwa 50 Min.**

**7** Den Kuchen nach Beendigung der Backzeit noch etwa 10 Minuten im ausgeschalteten Backofen stehen lassen, ihn dann in der Form auf einem Kuchenrost erkalten lassen.

**8** Den Kuchen aus der Form lösen und auf eine Tortenplatte legen. Den Schmandkuchen kurz vor dem Servieren mit den zurückgelassenen Mandarinen garnieren.

# Abwieger

***Zubereitungszeit: 15 Min.***
***Backzeit: etwa 50 Min.***

***Insgesamt:***
***E: 103 g, F: 340 g, Kh: 423 g, kJ: 22736, kcal: 5431***

***Für den Rührteig:***

- **4 Eier (Größe M = etwa 58 g pro Ei)**
- **Butter oder Margarine (gleiches Gewicht wie die Eier = 230 g)**
- **Zucker (gleiches Gewicht wie die Eier = 230 g)**
- **1 Pck. Vanillin-Zucker**
- **4 Tropfen Butter-Vanille-, Bittermandel- oder Zitronen-Aroma**
- **Weizenmehl (gleiches Gewicht wie die Eier = 230 g)**
- **2 gestr. TL Backpulver**
- **abgezogene, gemahlene Mandeln (gleiches Gewicht wie die Eier = 230 g)**

- **evtl. 2 EL abgezogene, gemahlene Mandeln**
- **evtl. etwas Aprikosenkonfitüre**

**1** Für den Rührteig Eier aufschlagen und abwiegen. Die übrigen Zutatenmengen richten sich nach dem Gewicht der Eier.

**2** Butter oder Margarine mit Handrührgerät mit Rührbesen auf höchster Stufe geschmeidig rühren. Nach und nach Zucker, Vanillin-Zucker und Aroma unterrühren, so lange rühren, bis eine gebundene Masse entstanden ist. Eier nach und nach unterrühren (jedes Ei etwa 1/2 Minute).

**3** Mehl mit Backpulver mischen, sieben und portionsweise auf mittlerer Stufe unterrühren. Mandeln unterrühren. Den Teig in eine gefettete, mit Mehl ausgestreute Kastenform (25 x 11 cm) füllen. Die Form auf dem Rost in den Backofen schieben.

**Ober-/Unterhitze:
etwa 180 °C (vorgeheizt)
Heißluft: etwa 160 °C
(nicht vorgeheizt)
Gas: etwa Stufe 3
(nicht vorgeheizt)
Backzeit: etwa 50 Min.**

**4** Den Kuchen nach dem Backen etwa 10 Minuten in der Form abkühlen lassen, dann auf einen Kuchenrost stürzen und erkalten lassen.

**5** Nach Belieben Mandeln in einer Pfanne ohne Fett leicht rösten. Aprikosenkonfitüre erwärmen, den Kuchenrand damit bestreichen und mit den Mandeln bestreuen.

**Abwandlung (Foto):**
Gut abgetropfte Früchte, wie z.B. Ananasstücke (2 in Stücke geschnittene Scheiben Ananas aus der Dose), entsteinte Kirschen oder Mandarinen auf den Teig in die Form legen und mitbacken. Die Mandeln können auch durch gemahlene Haselnußkerne oder Kokosraspel ersetzt werden. Nach Belieben den Kuchen mit Kuvertüre überziehen.

**Tip:**
Bei einem Abwieger bestimmt man je nach gewünschter Größe des Kuchens die Zutatenmengen selbst. Zu Anfang werden die Eier gewogen, die restlichen Zutaten werden dann entsprechend dem Eiergewicht hinzugegeben. Bei bis zu 4 Eiern verwendet man 1 Päckchen, bei mehr als 5 Eiern 2 Päckchen Vanillin-Zucker. Pro Ei rechnet man 1/2 gestrichenen Teelöffel Backpulver. Die Teigmenge aus 4 Eiern und den entsprechenden übrigen Zutatenmengen ist ausreichend für eine Kastenform von 25 x 11 cm.

½ Ltr.

# Hedwigkuchen

**Zubereitungszeit: 40 Min.**
**Backzeit: 10–15 Min.**

**Insgesamt:**
**E: 92 g, F: 388 g, Kh: 684 g, kJ: 28681, kcal: 6856**

Für den Biskuitteig:

- **4 Eier (Größe M)**
- **125 g Zucker**
- **1 Pck. Vanillin-Zucker**
- **125 g Weizenmehl**
- **25 g Speisestärke**
- **1 gestr. TL Backpulver**

Für den Belag:

- **4 Dosen Mandarinen (à Abtropfgewicht 175 g)**
- **2 Pck. Tortenguß, klar**
- **500 ml (1/2 l) Mandarinensaft**
- **750 ml (3/4 l) Schlagsahne**
- **3 Pck. Sahnesteif**
- **100 g gesiebter Puderzucker**
- **Saft von 1 Zitrone**

Für die Schoko-Mandel-Stücke:

- **100 g abgezogene, gehobelte Mandeln**
- **150 g Halbbitter-Kuvertüre**
- **20 g Kokosfett**

**1** Für den Biskuitteig Eier mit Handrührgerät mit Rührbesen auf höchster Stufe in 1 Minute schaumig schlagen. Zucker mit Vanillin-Zucker mischen, in 1 Minute einstreuen, dann noch etwa 2 Minuten schlagen.

**2** Mehl, Speisestärke und Backpulver mischen, die Hälfte davon auf die Eiercreme sieben und kurz auf niedrigster Stufe unterrühren. Den Rest des Mehlgemisches auf die gleiche Weise unterarbeiten.

**3** Den Teig auf ein gefettetes Backblech (38 x 28 cm) streichen und sofort backen.

**Ober-/Unterhitze: 200–220 °C (vorgeheizt)**
**Heißluft: –**
**Gas: Stufe 3–4 (vorgeheizt)**
**Backzeit: 10–15 Min.**

**4** Die Biskuitplatte auf dem Blech erkalten lassen.

**5** Für den Belag die Mandarinen auf einem Sieb abtropfen lassen, dabei den Saft auffangen und 500 ml (1/2 l) abmessen. Die Mandarinen auf der Biskuitplatte verteilen.

**6** Tortenguß mit Mandarinensaft nach Packungsaufschrift – aber ohne Zucker – zubereiten, über die Mandarinen verteilen und fest werden lassen.

**7** Sahne mit Sahnesteif und Puderzucker steif schlagen. Zitronensaft unterrühren und auf dem Mandarinenbelag glattstreichen.

**8** Für die Schoko-Mandel-Stücke Mandeln in einer Pfanne ohne Fett rösten und erkalten lassen. Kuvertüre mit Kokosfett in einem kleinen Topf im Wasserbad bei schwacher Hitze zu einer geschmeidigen Masse verrühren und Mandeln untermischen.

**9** Die Schoko-Mandel-Masse etwa 1/2 cm dick auf Backpapier streichen und fest werden lassen. Die Masse in Stücke brechen und auf dem Kuchen verteilen.

**Tip:**
Den Kuchen nach Belieben vor dem Servieren mit Kakaopulver bestäuben.

# Beschwipster Schachbrettkuchen

***Zubereitungszeit: 20 Min.***
***Backzeit: 35–40 Min.***

***Insgesamt:***
***E: 72 g, F: 166 g, Kh: 464 g, kJ: 16841, kcal: 4022***

Für den Teig:

- **4 Eier (Größe M)**
- **125 g Zucker**
- **1 Pck. Vanillin-Zucker**
- **125 g zerlassene, abgekühlte Butter**
- **125 ml (1/8 l) Eierlikör**
- **225 g Weizenmehl**
- **2 gestr. TL Backpulver**
- **75 g geraspelte Zartbitterschokolade**
- **10 g Kakaopulver**
- **1 EL Milch**

Für die Glasur:

- **75 g Puderzucker**
- **4 EL Eierlikör**

**1** Für den Teig Eier, Zucker und Vanillin-Zucker mit Handrührgerät mit Rührbesen auf höchster Stufe in 4 Minuten schaumig schlagen. Butter und Eierlikör unterrühren.

**2** Mehl mit Backpulver mischen, sieben und portionsweise auf mittlerer Stufe unterrühren. Die Hälfte des Teiges in eine Springform (Ø 26 cm, Boden gefettet) geben und glattstreichen.

**3** Schokolade, Kakao und Milch unter den restlichen Teig rühren. Den dunklen Teig in einen Spritzbeutel mit großer, glatter Tülle füllen und ein Schachbrettmuster, d. h. je 4 Längs- und Querstreifen, auf den hellen Teig spritzen. Die Form auf dem Rost in den Backofen schieben.

**Ober-/Unterhitze: etwa 180 °C (vorgeheizt)**
**Heißluft: etwa 160 °C (nicht vorgeheizt)**
**Gas: Stufe 3–4 (nicht vorgeheizt)**
**Backzeit: 35–40 Min.**

**4** Den Kuchen aus der Form lösen und auf einen Kuchenrost legen.

**5** Für die Glasur Puderzucker sieben, mit dem Eierlikör verrühren und auf den noch warmen Kuchen streichen. Den Kuchen vollständig erkalten lassen.

# After-Eight-Gugelhupfe

***(5 Stück)***
***Zubereitungszeit: 30 Min.***
***Backzeit: 25–30 Min.***

***Pro Stück:***
***E: 10 g, F: 47 g, Kh: 60 g, kJ: 3097, kcal: 740***

Für den Rührteig:
- **125 g Butter**
- **75 g Zucker**
- **1 Pck. Vanillin-Zucker**
- **1 Prise Salz**
- **2 Eier (Größe M)**
- **100 g Weizenmehl**
- **2 gestr. TL Backpulver**
- **75 g After-Eight-Täfelchen**
- **50 g abgezogene, gemahlene Mandeln**

- **30 g abgezogene, gemahlene Mandeln**

Für die Füllung:
- **200 ml Schlagsahne**
- **1 Pck. Sahnesteif**
- **1 Pck. Vanillin-Zucker**
- **2 EL grüner Pfefferminz-Likör**

- **After-Eight-Täfelchen**
- **Minzeblättchen**
- **Kumquatscheiben**
- **Kirschen**
- **Puderzucker**

**1** Für den Rührteig Butter mit Handrührgerät mit Rührbesen auf höchster Stufe geschmeidig rühren. Nach und nach Zucker, Vanillin-Zucker und Salz unterrühren, so lange rühren, bis eine gebundene Masse entstanden ist. Eier nach und nach unterrühren (jedes Ei etwa 1/2 Minute).

**2** Mehl mit Backpulver mischen, sieben und portionsweise auf mittlerer Stufe unterrühren. After-Eight-Täfelchen grob zerkleinern und mit den Mandeln unterheben.

**3** Den Teig auf 5 gefettete, mit den Mandeln ausgestreute Napfkuchenförmchen (Ø 10 cm) verteilen. Die Förmchen auf dem Rost in den Backofen schieben.

**Ober-/Unterhitze: 170–200 °C (vorgeheizt)**
**Heißluft: 150–170 °C (vorgeheizt)**
**Gas: Stufe 2–3 (vorgeheizt)**
**Backzeit: 25–30 Min.**

**4** Die Gugelhupfe etwa 5 Minuten in den Formen abkühlen lassen, sie dann auf einen Kuchenrost stürzen und erkalten lassen.

**5** Für die Füllung Sahne mit Sahnesteif und Vanillin-Zucker steif schlagen und den Pfefferminz-Likör vorsichtig unterheben. Die Pfefferminzsahne in einen Spritzbeutel mit Sterntülle füllen und in die Mitte der Gugelhupfe spritzen.

**6** Die Gugelhupfe nach Belieben mit After-Eight-Täfelchen, Minzeblättchen, Kumquatscheiben und Kirschen garnieren und mit Puderzucker bestäuben.

**■ Tip:**
Wenn Kinder mitessen, die Sahne anstelle von Pfefferminzlikör mit der gleichen Menge Waldmeistersirup einfärben.

# Russischer Birnenkuchen

**Zubereitungszeit: 35 Min., ohne Durchziehzeit**
**Backzeit: etwa 60 Min.**

**Insgesamt:**
**E: 95 g, F: 358 g, Kh: 684 g, kJ: 27878, kcal: 6662**

Für den Belag:
- **100 ml Wasser**
- **1 EL Zucker**
- **1 Zimtstange**
- **50 ml Rum**
- **6–8 Birnen**

Für den Rührteig:
- **200 g Butter oder Margarine**
- **200 g Zucker**
- **1 Pck. Vanillin-Zucker**
- **4 Eier (Größe M)**
- **200 g Weizenmehl**
- **2 TL gemahlener Zimt**
- **1 gestr. EL Kakaopulver**
- **2 ½ gestr. TL Backpulver**
- **125 g gemahlene Haselnußkerne**

Für die Streusel:
- **150 g Weizenmehl**
- **1 Msp. gemahlener Zimt**
- **75 g Zucker**
- **1 Pck. Vanillin-Zucker**
- **100 g weiche Butter**

**1** Für den Belag Wasser mit Zucker und Zimtstange aufkochen lassen. Rum unterrühren. Birnen schälen, halbieren und entkernen. Die Birnen mit der Flüssigkeit übergießen und etwa 2 Stunden durchziehen lassen.

**2** Für den Rührteig Butter oder Margarine mit Handrührgerät mit Rührbesen auf höchster Stufe geschmeidig rühren. Nach und nach Zucker und Vanillin-Zucker unterrühren, so lange rühren, bis eine gebundene Masse entstanden ist. Eier nach und nach unterrühren (jedes Ei etwa ½ Minute).

**3** Mehl, Zimt, Kakao und Backpulver mischen, sieben und portionsweise auf mittlerer Stufe unterrühren. Haselnußkerne unterrühren. Den Teig in eine Springform (Ø 26 cm, Boden gefettet) geben und glattstreichen.

**4** Die eingelegten Birnen abtropfen lassen, an der gewölbten Seite mehrmals längs einschneiden und mit der Wölbung nach oben auf den Teig legen.

**5** Für die Streusel Mehl in eine Rührschüssel sieben und mit Zimt, Zucker und Vanillin-Zucker mischen. Butter hinzufügen und alle Zutaten mit Handrührgerät mit Knethaken zu Streuseln von gewünschter Größe verarbeiten.

**6** Die Streusel auf den Birnen verteilen. Die Form auf dem Rost in den Backofen schieben.

**Ober-/Unterhitze: etwa 180 °C (vorgeheizt)**
**Heißluft: etwa 160 °C (nicht vorgeheizt)**
**Gas: etwa Stufe 3 (nicht vorgeheizt)**
**Backzeit: etwa 60 Min.**

**7** Den Kuchen aus der Form lösen und auf einem Kuchenrost erkalten lassen.

# Karibischer Rumkuchen

*Zubereitungszeit: 40 Min., ohne Trockenzeit*
*Backzeit: 60–70 Min.*

*Insgesamt:*
*E: 101 g, F: 253 g, Kh: 802 g, kJ: 25828, kcal: 6169*

Für den Rührteig:
- **150 g Ananasstücke (aus der Dose)**
- **175 g Butter oder Margarine**
- **150 g Zucker**
- **1 Pck. Vanillin-Zucker**
- **1 Prise Salz**
- **1 Pck. Natürliches Jamaika-Rum-Aroma**
- **abgeriebene Schale von 1 Zitrone und ½ Orange (unbehandelt)**
- **5 Eier (Größe M)**
- **250 g Weizenmehl**
- **4 gestr. TL Backpulver**
- **75 g Maismehl**

Zum Tränken:
- **1 EL Orangensaft**
- **1 EL Zitronensaft**
- **2 EL Rum**

Zum Bestreichen:
- **70 g Ananaskonfitüre**
- **1 EL Wasser**

Für die Marzipandecke:
- **200 g Marzipan-Rohmasse**
- **50 g gesiebter Puderzucker**
- **grüne Speisefarbe**
- **gelbe Speisefarbe**

Für den Guß:
- **200 g Puderzucker**
- **2 EL weißer Rum**
- **etwas Eiweiß**

**1** Für den Rührteig Ananasstücke auf einem Sieb gut abtropfen lassen.

**2** Butter oder Margarine mit Handrührgerät mit Rührbesen auf höchster Stufe geschmeidig rühren. Nach und nach Zucker, Vanillin-Zucker, Salz, Rum-Aroma und Zitronen- und Orangenschale unterrühren, so lange rühren, bis eine gebundene Masse entstanden ist. Eier nach und nach unterrühren (jedes Ei etwa ½ Minute).

**3** Mehl mit Backpulver mischen, sieben, mit Maismehl mischen und portionsweise auf mittlerer Stufe unterrühren. Ananasstücke unterheben. Den Teig in eine Springform (Ø 22 cm, Boden gefettet, mit Backpapier belegt) füllen und glattstreichen. Die Form auf dem Rost in den Backofen schieben.

Ober-/Unterhitze: etwa 170 °C (vorgeheizt)
Heißluft: etwa 150 °C (nicht vorgeheizt)
Gas: Stufe 2–3 (nicht vorgeheizt)
Backzeit: 60–70 Min.

**4** Den Kuchen aus der Form lösen, auf einen mit Backpapier belegten Kuchenrost stürzen, das mitgebackene Backpapier abziehen und den Kuchen erkalten lassen.

**5** Zum Tränken Orangen- und Zitronensaft mit dem Rum mischen. Den Kuchen mit einem Holzstäbchen mehrmals einstechen und mit Hilfe eines Pinsels mit der Saft-Rum-Mischung tränken.

**6** Konfitüre durch ein Sieb streichen, mit dem Wasser verrühren und etwas einkochen lassen. Den Kuchen damit bestreichen.

**7** Für die Marzipandecke Marzipan-Rohmasse mit dem Puderzucker verkneten. Je 25 g davon mit grüner und gelber Speisefarbe einfärben und in Klarsichtfolie verpackt beiseite legen. Die restliche Marzipanmasse dünn auf Puderzucker oder zwischen Klarsichtfolie ausrollen. Den Kuchen damit umlegen und 1 Tag trocknen lassen.

(Fortsetzung Seite 128)

**8** Für den Guß Puderzucker sieben und mit Rum und etwas Eiweiß zu einer dickflüssigen Masse verrühren. Den Kuchen damit überziehen und fest werden lassen.

**9** Die eingefärbten Marzipanmassen dünn ausrollen, aus der gelben Ananasstücke, aus der grünen Ananasblätter ausschneiden und den Kuchen damit garnieren.

■ **Tip:**
Nach Belieben die gelben Marzipanstücke mit Ananasstücken aus der Dose belegen.

# Glühweinkuchen

***Zubereitungszeit: 25 Min., ohne Abkühlzeit***
***Backzeit: etwa 45 Min.***

***Insgesamt:***
***E: 62 g, F: 226 g, Kh: 679 g, kJ: 21563, kcal: 5151***

Für den Glühwein:
- **75 ml Rotwein**
- **2 EL Zitronensaft**
- **abgeriebene Schale von 1/2 Zitrone (unbehandelt)**
- **1–2 Zimtstangen**
- **1/2 TL Gewürznelken**
- **1 EL Zucker**

Für den Rührteig:
- **200 g weiche Butter**
- **200 g Zucker**
- **1 Pck. Vanillin-Zucker**
- **4 Eier (Größe M)**
- **200 g Weizenmehl**
- **2 gestr. TL Backpulver**
- **100 g fein geriebene Zartbitterschokolade**

- **Semmelbrösel**

Für den Guß:
- **250 g gesiebter Puderzucker**
- **2–3 EL Zitronensaft**

**1** Für den Glühwein Rotwein mit Zitronensaft und -schale, Zimtstange, Gewürznelken und Zucker aufkochen lassen. Abkühlen lassen und durch ein Sieb gießen.

**2** Für den Rührteig Butter mit Handrührgerät mit Rührbesen auf höchster Stufe geschmeidig rühren. Nach und nach Zucker und Vanillin-Zucker unterrühren, so lange rühren, bis eine gebundene Masse entstanden ist. Eier nach und nach unterrühren (jedes Ei etwa 1/2 Minute).

**3** Mehl mit Backpulver mischen, sieben und portionsweise auf mittlerer Stufe unterrühren. Den Glühwein dazugeben und unterrühren. Die Schokolade unterrühren. Den Teig in eine gefettete, mit Semmelbröseln ausgestreute Napfkuchenform (Ø 22 cm) füllen. Die Form auf dem Rost in den Backofen schieben.

**Ober-/Unterhitze: etwa 180 °C (vorgeheizt)**
**Heißluft: etwa 160 °C (nicht vorgeheizt)**
**Gas: etwa Stufe 3 (nicht vorgeheizt)**
**Backzeit: etwa 45 Min.**

**4** Den Kuchen in der Form etwa 10 Minuten abkühlen lassen, ihn dann auf einen Kuchenrost stürzen und erkalten lassen.

**5** Für den Guß Puderzucker mit Zitronensaft glattrühren und den Kuchen damit überziehen.

■ **Tip:**
Nach Belieben etwas von dem Guß mit Rotwein verrühren und den übrigen Guß damit besprenkeln.

Jegliche Gegenwehr ist zwecklos – denn diese sahnigen Köstlichkeiten lassen Sie dahinschmelzen.

# Sahnige Highlights

## Haselnuss-Sahne-Torte

**Zubereitungszeit: 40 Min.**
**Backzeit: 20–30 Min.**

**Insgesamt:**
**E: 84 g, F: 338 g, Kh: 420 g, kJ: 21850, kcal: 5220**

Für den Biskuitteig:
- **4 Eier (Größe M)**
- **3–4 EL heißes Wasser**
- **175 g Zucker**
- **1 Pck. Vanillin-Zucker**
- **100 g Weizenmehl**
- **100 g Speisestärke**
- **2 gestr. TL Backpulver**

Für den Belag:
- **3 Pck. gefüllte Haselnuß-Gebäckkugeln (à 10 Stück)**
- **600 ml Schlagsahne**
- **3 Pck. Sahnesteif**
- **2–3 Pck. Vanillin-Zucker**
- **50 g gehackte Haselnußkerne**

**1** Für den Biskuitteig Eier und Wasser mit Handrührgerät mit Rührbesen auf höchster Stufe in 1 Minute schaumig schlagen. Zucker mit Vanillin-Zucker mischen, in 1 Minute einstreuen, dann noch etwa 2 Minuten schlagen.

**2** Mehl, Speisestärke und Backpulver mischen, die Hälfte davon auf die Eiercreme sieben und kurz auf niedrigster Stufe unterrühren. Den Rest des Mehlgemisches auf die gleiche Weise unterarbeiten.

**3** Den Teig in eine Springform (Ø 26 cm, Boden gefettet, mit Backpapier belegt) füllen und glattstreichen. Form auf dem Rost in den Backofen schieben, sofort backen.

**Ober-/Unterhitze:**
**180–200 °C (vorgeheizt)**
**Heißluft: –**
**Gas: Stufe 3–4 (vorgeheizt)**
**Backzeit: 20–30 Min.**

**4** Den Biskuitboden aus der Form lösen, auf einen mit Backpapier belegten Kuchenrost stürzen, das mitgebackene Backpapier abziehen und den Boden erkalten lassen. Den erkalteten Boden zweimal waagerecht durchschneiden.

(Fortsetzung Seite 132)

…kugeln (12 … Garnieren zurück… …ehr fein hacken. Sahne mit Sahnesteif und Vanillin-Zucker steif schlagen (3 Eßlöffel der Sahne in einen Spritzbeutel mit abgeflachter Tülle geben). Die zerkleinerten Gebäckkugeln unterheben.

**6** Den unteren Biskuitboden auf eine Tortenplatte legen, mit etwa 1/3 der Gebäck-Sahne bestreichen und den mittleren Boden darauf legen. Die Hälfte der restlichen Gebäck-Sahne darauf streichen und mit dem oberen Boden belegen. Tortenrand und -oberfläche mit der restlichen Gebäck-Sahne bestreichen.

**7** Den Tortenrand mit Haselnußkernen bestreuen. Die Tortenoberfläche mit der Sahne aus dem Spritzbeutel verzieren und mit den zurückgelassenen Gebäckkugeln garnieren.

# Maulwurftorte

***Zubereitungszeit: 30 Min.***
***Backzeit: 20–30 Min.***

***Insgesamt:***
***E: 89 g, F: 360 g, Kh: 356 g, kJ: 21709, kcal: 5189***

Für den Rührteig:
- **70 g Butter oder Margarine**
- **75 g Zucker**
- **2 Pck. Vanillin-Zucker**
- **6 Eier (Größe M)**
- **100 g gemahlene Haselnußkerne**
- **1 Pck. Backpulver**
- **100 g Schokoladenraspel**

Für die Füllung:
- **3–4 Bananen**
- **2 EL Zitronensaft**
- **500 ml (1/2 l) Schlagsahne**
- **2 Pck. Sahnesteif**
- **50 g Zucker**
- **1 Pck. Bourbon-Vanille-Zucker**
- **50 g Schokoladenraspel**

**1** Für den Rührteig Butter oder Margarine mit Handrührgerät mit Rührbesen auf höchster Stufe geschmeidig rühren. Nach und nach Zucker und Vanillin-Zucker unterrühren. Eier trennen. Eigelb nach und nach unterrühren (jedes Eigelb knapp 1/2 Minute).

**2** Die Haselnußkerne mit Backpulver und Schokoladenraspeln mischen und portionsweise unterrühren. Eiweiß steif schlagen und unterheben. Den Teig in eine Springform (Ø 26 cm, Boden gefettet) füllen und glattstreichen. Die Form auf dem Rost in den Backofen schieben.

Ober-/Unterhitze:
etwa 180 °C (vorgeheizt)
Heißluft: etwa 160 °C (vorgeheizt)
Gas: etwa Stufe 3 (vorgeheizt)
Backzeit: 20–30 Min.

**3** Den Boden aus der Form lösen und auf einem Kuchenrost erkalten lassen. Den erkalteten Boden so aushöhlen, daß ein etwa 2 cm breiter Rand stehenbleibt.

**4** Für die Füllung die Bananen schälen, waagerecht halbieren, mit Zitronensaft beträufeln und in den ausgehöhlten Boden legen.

**5** Sahne mit Sahnesteif, Zucker und Bourbon-Vanille-Zucker steif schlagen. Die Schokoladenraspel unterheben. Die Sahnemasse kuppelförmig auf die Bananen streichen und mit den Gebäckkrümeln bestreuen.

**Tip:**
Anstelle der Bananen können für die Füllung auch gut abgetropfte Birnen aus der Dose verwendet werden.

# Amerikanische Schoko-Buttercreme-Torte

**Zubereitungszeit: 55 Min.**
**Backzeit: 45–50 Min.**

**Insgesamt:**
**E: 130 g, F: 614 g, Kh: 594 g, kJ: 36346, kcal: 8683**

Für den Rührteig:
- **150 g Butter**
- **oder Margarine**
- **75 g Zucker**
- **1 Pck. Vanillin-Zucker**
- **150 g aufgelöste, abgekühlte Zartbitterschokolade**
- **2 Eier (Größe M)**
- **4 Eigelb (Größe M)**
- **150 g Weizenmehl**
- **25 g Kakaopulver**
- **1 gestr. TL Backpulver**
- **4 Eiweiß (Größe M)**
- **75 g Zucker**

Für die Buttercreme:
- **200 g Zartbitterschokolade**
- **250 g weiche Butter**
- **100 g Kokosfett**
- **5 Eier (Größe M)**
- **150 g Zucker**

1 Für den Rührteig Butter oder Margarine mit Handrührgerät mit Rührbesen auf höchster Stufe geschmeidig rühren. Nach und nach Zucker und Vanillin-Zucker unterrühren, so lange rühren, bis eine gebundene Masse entstanden ist. Schokolade unterrühren. Eier und Eigelb nach und nach unterrühren (jedes Ei bzw. Eigelb etwa 1/2 Minute).

2 Mehl, Kakao und Backpulver mischen, sieben und portionsweise auf mittlerer Stufe unterrühren. Eiweiß mit Zucker steif schlagen und unter den Teig heben. Den Teig in eine Springform (Ø 22 cm, Boden gefettet, mit Backpapier belegt) füllen und glattstreichen. Die Form auf dem Rost in den Backofen schieben.

**Ober-/Unterhitze: 170–200 °C (vorgeheizt)**
**Heißluft: 150–170 °C (nicht vorgeheizt)**
**Gas: Stufe 3–4 (nicht vorgeheizt)**
**Backzeit: 45–50 Min.**

3 Den Boden aus der Form lösen, auf einen Kuchenrost stürzen, das Backpapier abziehen und den Boden erkalten lassen. Den erkalteten Boden dreimal waagerecht durchschneiden.

4 Für die Buttercreme Schokolade grob zerkleinern, in einem kleinen Topf im Wasserbad bei schwacher Hitze zu einer geschmeidigen Masse verrühren und etwas abkühlen lassen.

5 Die Butter mit dem Kokosfett geschmeidig rühren. Die Schokolade vorsichtig unterrühren.

6 Eier und Zucker in einer Schüssel im Wasserbad in etwa 5 Minuten zu einer dicklichen Masse aufschlagen. Anschließend in etwa 5 Minuten kalt schlagen (die Masse muß wirklich kalt sein, die Creme wird sonst nicht fest) und unter die Buttermasse rühren.

7 Die Böden mit der Buttercreme zusammensetzen. Tortenrand und -oberfläche kuppelartig mit der Buttercreme bestreichen und mit Hilfe eines Teelöffels Vertiefungen eindrücken. Die Torte bis zum Verzehr kalt stellen.

**Tips:**
Die Torte nach Belieben mit kandierten Früchten und Schokoladenblättern garnieren (erhältlich in Konfiserie-Geschäften). Nur ganz frische Eier verwenden.

# Jaffa-Cake-Torte

**Zubereitungszeit: 60 Min., ohne Kühlzeit**
**Backzeit: etwa 25 Min.**

**Insgesamt:**
**E: 78 g, F: 201 g, Kh: 413 g, kJ: 16284, kcal: 3892**

Für den Biskuitteig:
- **2 Eier (Größe M)**
- **2 EL heißes Wasser**
- **100 g Zucker**
- **1 Pck. Vanillin-Zucker**
- **50 g Weizenmehl**
- **50 g Speisestärke**
- **1 gestr. TL Backpulver**

Für die Füllung:
- **1 Pck. Tortenguß, klar**
- **20 g Zucker**
- **200 ml Orangensaft**
- **50 g Orangen-marmelade**

Für den Belag:
- **6 Blatt weiße Gelatine**
- **250 g Speisequark (20 % Fett i.Tr.)**
- **50 g Schmand (Sauerrahm)**
- **75 g Zucker**
- **500 ml (1/2 l) Schlag-sahne**
- **8–10 Jaffa-Cakes**
- **(Eiergebäck mit Orangenfruchtfüllung und Schokolade)**

Für den Guß:
- **100 g Zartbitter-schokolade**
- **125 ml (1/8 l) Schlag-sahne**
- **125 ml (1/8 l) Schlag-sahne**
- **12 Jaffa-Cake-Hälften**

1 Für den Biskuitteig Eier und Wasser mit Handrührgerät mit Rührbesen auf höchster Stufe in 1 Minute schaumig schlagen. Zucker mit Vanillin-Zucker mischen, in 1 Minute einstreuen, dann noch etwa 2 Minuten schlagen.

2 Mehl, Speisestärke und Backpulver mischen, die Hälfte davon auf die Eiercreme sieben und kurz auf niedrigster Stufe unterrühren. Den Rest des Mehlgemisches auf dieselbe Weise unterarbeiten.

3 Den Teig in eine Springform (Ø 26 cm, Boden gefettet, mit Backpapier belegt) füllen. Die Form auf dem Rost in den Backofen schieben und sofort backen.

**Ober-/Unterhitze: etwa 180 °C (vorgeheizt)**
**Heißluft: –**
**Gas: etwa Stufe 3 (vorgeheizt)**
**Backzeit: etwa 25 Min.**

4 Den Boden aus der Form lösen, auf einen Kuchenrost stürzen, das Backpapier abziehen und den Boden erkalten lassen. Den erkalteten Boden einmal waagerecht durchschneiden. Den unteren Boden auf eine Tortenplatte legen und einen Tortenring darumstellen.

5 Für die Füllung Tortenguß nach Packungsaufschrift – aber mit den hier angegebenen Zutaten – zubereiten und die Orangenmarmelade unterrühren.

6 Den Guß etwas abkühlen lassen, ihn dann von der Mitte aus gleichmäßig auf dem unteren Boden verteilen. Den oberen Boden darauf legen und etwas andrücken.

7 Für den Belag Gelatine nach Packungsaufschrift einweichen. Quark mit Schmand und Zucker verrühren. Die Gelatine ausdrücken, auflösen und unter die Quarkmasse rühren. Sahne steif schlagen und unterheben. Die Hälfte der Quark-Sahne-Masse auf den Boden streichen.

8 Einen Kreis aus Jaffa-Cakes mit der Schokoladenseite nach unten etwa 1 cm vom Rand entfernt darauf legen. Die restliche Quark-Sahne-Masse darauf geben und glattstreichen. Die Torte im Kühlschrank fest werden lassen.

(Fortsetzung Seite 138)

**9** Für den Guß Schokolade grob zerkleinern und in einem kleinen Topf im Wasserbad bei schwacher Hitze zu einer geschmeidigen Masse verrühren. Die Sahne tropfenweise unterrühren. Den Guß auf die Tortenoberfläche gießen und verstreichen. Die Torte nochmals kalt stellen, bis der Guß fest geworden ist.

**10** Den Tortenring entfernen. Sahne steif schlagen und in einen Spritzbeutel mit Sterntülle geben. Die Torte damit verzieren und mit den Jaffa-Cake-Hälften garnieren.

■ **Tip:**
Nach Belieben die Jaffa-Cakes in dem Belag mit Orangensaft oder Grand Marnier beträufeln.

# Brandteig-Minz-Torte

***Zubereitungszeit: 40 Min.***
***Backzeit: etwa 25 Min.***

***Insgesamt:***
***E: 57 g, F: 139 g, Kh: 167 g, kJ: 9372, kcal: 2240***

Für den Brandteig:
- **250 ml (1/4 l) Wasser**
- **50 g Butter oder Margarine**
- **1 Msp. Salz**
- **125 g Weizenmehl**
- **2 Eier (Größe M)**

Für den Belag:
- **2 Blatt weiße Gelatine**
- **10 Schoko-Minz-Täfelchen (z.B. After-Eight)**
- **100 g frische Himbeeren**
- **250 ml (1/4 l) Schlagsahne**
- **1 Pck. Vanillin-Zucker**

- **Minzeblättchen**
- **1 EL Puderzucker**

**1** Für den Brandteig Wasser, Butter oder Margarine und Salz am besten in einem Stieltopf zum Kochen bringen. Das Mehl sieben, auf einmal in die von der Kochstelle genommene Flüssigkeit schütten, zu einem glatten Kloß rühren und unter Rühren etwa 1 Minute erhitzen.

**2** Den heißen Kloß sofort in eine Schüssel geben. Nach und nach die Eier mit Handrührgerät mit Knethaken auf höchster Stufe unterarbeiten. Der Teig muß stark glänzen und so von einem Löffel abreißen, daß lange Spitzen hängenbleiben.

**3** Den Teig in einen Spritzbeutel mit Sterntülle füllen. Ein Backblech fetten und mehlen. Einen Kreis (Ø etwa 20 cm) aufzeichnen und mit dem Teig ausspritzen. Aus dem restlichen Teig kleine Tuffs auf das Backblech spritzen. Das Backblech in den Backofen schieben.

**Ober-/Unterhitze:**
**etwa 200 °C (vorgeheizt)**
**Heißluft: etwa 180 °C (vorgeheizt)**
**Gas: etwa Stufe 3 (vorgeheizt)**
**Backzeit: etwa 25 Min.**

**4** Das Gebäck gut auskühlen lassen.

**5** Für den Belag Gelatine nach Packungsaufschrift einweichen. Die Schoko-Minz-Täfelchen in Stücke schneiden. Himbeeren verlesen. Sahne mit Vanillin-Zucker fast steif schlagen.

**6** Die Gelatine ausdrücken, auflösen und unter die Sahne rühren. Die Sahne vollkommen steif schlagen. Himbeeren und Schoko-Minz-Stücke unterheben und auf den Brandteigboden streichen.

**7** Die Torte mit Minzeblättchen und den kleinen Gebäcktuffs garnieren. Mit Puderzucker bestäuben.

# »Daim«-Walnuss-Torte

**Zubereitungszeit: 60 Min.**
**Backzeit: etwa 30 Min.**

**Insgesamt:**
**E: 96 g, F: 314 g, Kh: 494 g, kJ: 22481, kcal: 5372**

Für den Biskuitteig:
- **5 Eigelb (Größe M)**
- **5 EL heißes Wasser**
- **175 g Zucker**
- **5 Eiweiß (Größe M)**
- **1 Prise Salz**
- **150 g Weizenmehl**
- **2 gestr. TL Backpulver**
- **100 g gehackte Walnußkerne**

Für die Füllung:
- **4 Blatt weiße Gelatine**
- **400 ml Schlagsahne**
- **4 Riegel »Daim« (à 28 g)**
- **2 EL Orangenmarmelade**
- **4 EL gemahlene Riegel »Daim«**

- **200 ml Schlagsahne**
- **1 Pck. Sahnesteif**
- **2 Riegel »Daim« (à 28 g)**
- **8 Walnußkernhälften**

**1** Für den Biskuitteig Eigelb mit Wasser und Zucker mit Handrührgerät mit Rührbesen auf höchster Stufe weißschaumig schlagen. Eiweiß mit Salz sehr steif schlagen und unterheben.

**2** Mehl mit Backpulver mischen, die Hälfte davon auf die Eiercreme sieben und kurz auf niedrigster Stufe unterrühren. Den Rest des Mehlgemisches auf dieselbe Weise unterarbeiten. Die Walnußkerne unterrühren.

**3** Den Teig in eine Springform (Ø 26 cm, Boden gefettet, mit Backpapier belegt) füllen. Die Form auf dem Rost in den Backofen schieben und sofort backen.

**Ober-/Unterhitze: etwa 180 °C (vorgeheizt)**
**Heißluft: –**
**Gas: etwa Stufe 3 (nicht vorgeheizt)**
**Backzeit: etwa 30 Min.**

**4** Den Boden aus der Form lösen, auf einen Kuchenrost stürzen und erkalten lassen. Das Backpapier abziehen und den Boden zweimal waagerecht durchschneiden.

**5** Für die Füllung Gelatine nach Packungsaufschrift einweichen. Sahne fast steif schlagen. Gelatine ausdrücken, auflösen und unter die Sahne rühren. Die Sahne vollkommen steif schlagen.

**6** Die »Daim«-Riegel hacken und unter die Sahnemasse geben. Den unteren Biskuitboden mit der Hälfte der »Daim«-Sahne-Masse bestreichen, den zweiten Boden darauflegen, mit der restlichen »Daim«-Sahne-Masse bestreichen und den dritten Boden darauflegen.

**7** Orangenmarmelade durch ein Sieb streichen und auf den oberen Boden streichen, mit den gemahlenen »Daim«-Riegeln bestreuen, mit einem Löffel etwas andrücken und die Torte in 16 Stücke teilen.

**8** Sahne mit Sahnesteif steif schlagen. Den Rand der Torte mit etwas von der Sahne bestreichen, die restliche Sahne in einen Spritzbeutel füllen und die Tortenoberfläche damit verzieren. Die Torte mit geviertelten »Daim«-Riegeln und Walnußkernhälften garnieren.

**Tip:**
Nach Belieben die Walnußkernhälften zum Garnieren karamelisieren.

# Rügener Mandeltorte

***Zubereitungszeit: 30 Min., ohne Kühlzeit***
***Backzeit: etwa 20 Min.***

***Insgesamt:***
***E: 53 g, F: 273 g, Kh: 262 g, kJ: 16125, kcal: 3854***

Für die Schokoladensahne:
- **75 g Halbbitter-Kuvertüre**
- **200 ml Schlagsahne**
- **1 Pck. Sahnesteif**

Für den Rührteig:
- **125 g Butter oder Margarine**
- **75 g Zucker**
- **1 Pck. Vanillin-Zucker**
- **2 Eier (Größe M)**
- **100 g Weizenmehl**
- **15 g Speisestärke**
- **1 Msp. Backpulver**
- **50 g unabgezogene, gemahlene Mandeln**

- **200 ml Schlagsahne**
- **1 Pck. Sahnesteif**

- **Kakaopulver**

1 Für die Schokoladensahne Kuvertüre grob zerkleinern. Die Sahne mit der Kuvertüre bei mittlerer Hitze unter Rühren erwärmen, bis sich die Kuvertüre gelöst hat. 2–3 Stunden im Kühlschrank kalt stellen.

2 Für den Rührteig Butter oder Margarine mit Handrührgerät mit Rührbesen auf höchster Stufe geschmeidig rühren. Nach und nach Zucker und Vanillin-Zucker unterrühren, so lange rühren, bis eine gebundene Masse entstanden ist. Eier nach und nach unterrühren (jedes Ei etwa 1/2 Minute).

3 Mehl, Speisestärke und Backpulver mischen, sieben und portionsweise auf mittlerer Stufe unterrühren. Mandeln unterrühren. Den Teig in eine gefettete Obstkuchenform (Ø 22 cm) füllen und glattstreichen. Die Form auf dem Rost in den Backofen schieben.

**Ober-/Unterhitze: etwa 200 °C (vorgeheizt)**
**Heißluft: etwa 180 °C (vorgeheizt)**
**Gas: etwa Stufe 3 (vorgeheizt)**
**Backzeit: etwa 20 Min.**

4 Den Tortenboden auf einen Kuchenrost stürzen und erkalten lassen.

5 Die Sahne mit Sahnesteif und die Schokoladensahne mit Sahnesteif getrennt steif schlagen. Schokoladensahne auf dem Tortenboden verteilen und glattstreichen. Die helle Sahne darauf verteilen und mit Hilfe eines Eßlöffels wolkenartig verzieren.

6 Die Torte etwa 30 Minuten kühl stellen. Vor dem Servieren mit Kakao bestäuben.

**Tip:**
Nach Belieben vor dem Bestreichen mit der Sahne Preiselbeeren (aus dem Glas) auf dem Tortenboden verteilen.

# Mozartkugel-Torte

**Zubereitungszeit: 50 Min., ohne Kühlzeit**
**Backzeit: 25–30 Min.**

**Insgesamt:**
**E: 97 g, F: 398 g, Kh: 429 g, kJ: 24604, kcal: 5879**

Für den Rührteig:
- **150 g Butter oder Margarine**
- **100 g Zucker**
- **1 Pck. Vanillin-Zucker**
- **1 Pck. Natürliches Jamaica-Rum-Aroma**
- **3 Eier (Größe M)**
- **100 g Weizenmehl**
- **1 Pck. Pudding-Pulver Schokolade-Geschmack**
- **2 gestr. TL Backpulver**
- **50 g abgezogene, gemahlene Mandeln**
- **100 g Mozartkugeln**

- **2 EL Preiselbeerkonfitüre (durch ein Sieb gestrichen)**

Für die Füllung:
- **3 Blatt weiße Gelatine**
- **75 g Vollmilch-Kuvertüre**
- **250 ml (1/4 l) Schlagsahne**

Für den Belag:
- **150 g Marzipan-Rohmasse**
- **50 g Halbbitter-Kuvertüre**
- **6 halbierte Mozartkugeln**

**1** Für den Rührteig Butter oder Margarine mit Handrührgerät mit Rührbesen auf höchster Stufe geschmeidig rühren. Nach und nach Zukker, Vanillin-Zucker und Rum-Aroma unterrühren, so lange rühren, bis eine gebundene Masse entstanden ist. Eier nach und nach unterrühren (jedes Ei etwa 1/2 Minute).

**2** Mehl, Pudding-Pulver und Backpulver mischen, sieben und portionsweise auf mittlerer Stufe unterrühren. Mandeln unterrühren. Die Hälfte des Teiges in eine Springform (Ø 26 cm, Boden gefettet) geben.

**3** Die Mozartkugeln halbieren, mit der Schokoladenseite nach unten auf den Teig legen und etwas andrücken. Den restlichen Teig darauf geben und glattstreichen. Die Form auf dem Rost in den Backofen schieben.

**Ober-/Unterhitze: etwa 180 °C (vorgeheizt)**
**Heißluft: 160 °C (nicht vorgeheizt)**
**Gas: etwa Stufe 3 (nicht vorgeheizt)**
**Backzeit: 25–30 Min.**

**4** Den Boden aus der Form lösen und auf einem Kuchenrost erkalten lassen. Die Preiselbeerkonfitüre durch ein Sieb streichen und den erkalteten Kuchen damit bestreichen.

**5** Für die Füllung Gelatine nach Packungsaufschrift einweichen. Die Kuvertüre in einem kleinen Topf im Wasserbad bei schwacher Hitze zu einer geschmeidigen Masse verrühren. Sahne steif schlagen.

**6** Gelatine ausdrücken, auflösen und mit der Kuvertüre vorsichtig unter die Sahne rühren. Die Schokoladensahne kuppelartig auf den Boden streichen. Die Torte etwa 2 Stunden kalt stellen.

**7** Für den Belag Marzipan-Rohmasse verkneten, zu einer runden Platte (Ø etwa 30 cm) ausrollen (nach Belieben ein Muster in die Marzipandecke eindrücken). Die Marzipanplatte vorsichtig auf die Schokoladensahne legen und den Rand andrücken.

**8** Kuvertüre in einem Topf im Wasserbad bei schwacher Hitze zu einer geschmeidigen Masse verrühren und in eine Papierspritztüte oder einen kleinen Gefrierbeutel füllen. Eine kleine Ecke abschneiden und 12 Kuvertürepunkte an den Rand der Tortenoberfläche setzen.

**9** Die Mozartkugelhälften mit der Marzipanseite in die Schokoladenpunkte drücken und fest werden lassen. Die Torte mit der restlichen Kuvertüre verzieren.

Mozart

# Cappuccino-Joghurt-Torte

**Zubereitungszeit: 60 Min., ohne Kühlzeit**
**Backzeit: etwa 30 Min.**

**Insgesamt:**
**E: 76 g, F: 228 g, Kh: 475 g, kJ: 18256, kcal: 4364**

Für den Biskuitteig:

- **3 Eier (Größe M)**
- **3–4 EL heißes Wasser**
- **125 g Zucker**
- **1 Pck. Vanillin-Zucker**
- **60 g Weizenmehl**
- **60 g Speisestärke**
- **1 gestr. TL Backpulver**

Für die Füllung:

- **2 Beutel (à 10 g) Cappuccino-Pulver**
- **3 EL heißes Wasser**
- **9 Blatt weiße Gelatine**
- **500 g Vollmilchjoghurt**
- **150 g Zucker**
- **500 ml (1/2 l) Schlagsahne**

- **100 g Mokka-Sahne-Schokolade (hell und dunkel gestreift)**

1 Für den Biskuitteig Eier und Wasser mit Handrührgerät mit Rührbesen auf höchster Stufe in 1 Minute schaumig schlagen. Zucker mit Vanillin-Zucker mischen, in 1 Minute einstreuen, dann noch etwa 2 Minuten schlagen.

2 Mehl, Speisestärke und Backpulver mischen, die Hälfte davon auf die Eiercreme sieben und kurz auf niedrigster Stufe unterrühren. Den Rest des Mehlgemisches auf dieselbe Weise unterarbeiten.

3 Den Teig in eine Springform (Ø 26 cm, Boden gefettet, mit Backpapier belegt) füllen. Die Form auf dem Rost in den Backofen schieben und sofort backen.

**Ober-/Unterhitze: etwa 180 °C (vorgeheizt)**
**Heißluft: –**
**Gas: Stufe 3–4 (nicht vorgeheizt)**
**Backzeit: etwa 30 Min.**

4 Den Boden aus der Form lösen, auf einen Kuchenrost stürzen, das Backpapier abziehen und den Boden erkalten lassen. Den erkalteten Boden einmal waagerecht durchschneiden. Den gesäuberten Springformrand oder einen Tortenring um den unteren Boden legen.

5 Für die Füllung Cappuccino-Pulver mit dem Wasser verrühren und erkalten lassen. Gelatine nach Packungsaufschrift einweichen. Joghurt mit Zucker und Cappuccino verrühren. Die Gelatine ausdrücken, auflösen und unter die Joghurtmasse rühren.

6 Wenn die Masse anfängt dicklich zu werden, Sahne steif schlagen und unterrühren. Die Hälfte davon auf den unteren Boden streichen, den oberen Boden darauf legen, die restliche Joghurt-Sahne-Masse darauf streichen und etwas wellenförmig verzieren. Die Torte etwa 2 Stunden im Kühlschrank fest werden lassen.

7 Den Springformrand (Tortenring) entfernen. Die Hälfte der Schokolade reiben, die restliche Schokolade mit einem Sparschäler oder einem kleinen Messer zu Röllchen schaben. Den Tortenrand mit geriebener Schokolade bestreuen.

8 Die Tortenoberfläche mit Hilfe von Papierstreifen mit der restlichen geriebenen Schokolade und der geschabten Schokolade garnieren.

# Kleine Kronentorte

***Zubereitungszeit: 60–70 Min., ohne Kühlzeit***
***Backzeit: etwa 30 Min.***

***Insgesamt:***
***E: 42 g, F: 171 g, Kh: 286 g, kJ: 12343, kcal: 2950***

Für den Biskuitteig:

- **2 Eier (Größe M)**
- **2 EL heißes Wasser**
- **75 g Zucker**
- **1 Pck. Vanillin-Zucker**
- **50 g Weizenmehl**
- **50 g Speisestärke**
- **1 gestr. TL Backpulver**

Für die Füllung:

- **3 Blatt weiße Gelatine**
- **1 Dose Aprikosenhälften (Abtropfgewicht 240 g)**
- **100 g Zartbitterschokolade**
- **400 ml Schlagsahne**
- **1 TL Zucker**
- **3 EL Aprikosensaft**

- **1 TL Kakaopulver**
- **1 TL Puderzucker**

**1** Für den Biskuitteig Eier trennen. Eiweiß und Wasser mit Handrührgerät mit Rührbesen auf höchster Stufe in 1 Minute schaumig schlagen. Zucker mit Vanillin-Zucker mischen, in 1 Minute einstreuen, dann noch etwa 2 Minuten schlagen. Eigelb unterrühren.

**2** Mehl, Speisestärke und Backpulver mischen, die Hälfte davon auf die Eiercreme sieben und kurz auf niedrigster Stufe unterrühren. Den Rest des Mehlgemisches auf dieselbe Weise unterarbeiten.

**3** Den Teig in eine Springform (Ø 22 cm, Boden gefettet, mit Backpapier belegt) füllen. Die Form auf dem Rost in den Backofen schieben und sofort backen.

**Ober-/Unterhitze: etwa 180 °C (vorgeheizt)**
**Heißluft: –**
**Gas: etwa Stufe 3 (nicht vorgeheizt)**
**Backzeit: etwa 30 Min.**

**4** Den Biskuitboden aus der Form lösen, auf einen Kuchenrost stürzen, Backpapier abziehen und den Boden erkalten lassen.

**5** Für die Füllung Gelatine nach Packungsaufschrift einweichen. Aprikosenhälften auf einem Sieb abtropfen lassen, den Saft dabei auffangen. Aprikosen bis auf 2 Hälften in Spalten schneiden.

**6** Die Schokolade fein hacken. Sahne mit Zucker fast steif schlagen. Gelatine ausdrücken, auflösen, unterrühren und die Sahne vollkommen steif schlagen. Die Schokolade bis auf 1 Eßlöffel unterheben.

**7** Den erkalteten Boden einmal waagerecht durchschneiden. Den unteren Boden mit etwas Aprikosensaft beträufeln und die Aprikosenspalten darauf verteilen.

**8** Die Sahne kuppelartig auf die Aprikosen streichen. Den oberen Boden in 8 Stücke teilen und vorsichtig darauf legen, so daß die Spitzen in der Mitte hochstehen. Mit der restlichen Schokolade bestreuen.

**9** Die zurückgelassenen Aprikosen in 8 Spalten schneiden und die Torte damit garnieren. Die »Gebäckkrone« mit Kakao und Puderzucker bestäuben. Die Torte vor dem Verzehr noch etwa 60 Minuten gut durchkühlen lassen.

**Tip:**
Die Sahne kann auch anstelle der Gelatine mit 2 Päckchen Sahnesteif gefestigt werden.

# Mousse-au-Chocolat-Torte

**Zubereitungszeit: 60 Min., ohne Kühlzeit**
**Backzeit: 35–45 Min.**

**Insgesamt:**
**E: 167 g, F: 466 g, Kh: 699 g, kJ: 33490, kcal: 8003**

Für den Knetteig:
- **125 g Weizenmehl**
- **50 g Zucker**
- **1 Pck. Vanillin-Zucker**
- **1 Prise Salz**
- **75 g Butter**

Für den Biskuitteig:
- **4 Eier (Größe M)**
- **125 g Zucker**
- **1 Pck. Bourbon-Vanille-Zucker**
- **100 g Weizenmehl**
- **15 g Kakaopulver**
- **1/2 gestr. TL Backpulver**
- **50 g zerlassene, abgekühlte Butter**
- **100 g unabgezogene, gehackte Mandeln**

- **250 g Pflaumenmus**

Für die Füllung:
- **4 Blatt weiße Gelatine**
- **150 ml Milch**
- **150 g weiße Schokolade**
- **500 ml (1/2 l) Schlagsahne**
- **50 g unabgezogene, gehackte Mandeln**
- **150 g weiße Schokolade**
- **Kakaopulver**

**1** Aus Mehl, Zucker, Vanillin-Zucker, Salz und Butter einen Knetteig zubereiten (genauere Anleitung siehe Seite 26).

**2** Den Teig auf einem gefetteten Springformboden (Ø 26 cm) ausrollen und mehrmals mit einer Gabel einstechen. Den Springformrand um den Boden legen. Die Form auf dem Rost in den Backofen schieben.

**Ober-/Unterhitze: etwa 200 °C (vorgeheizt)**
**Heißluft: etwa 180 °C (vorgeheizt)**
**Gas: etwa Stufe 4 (vorgeheizt)**
**Backzeit: etwa 15 Min.**

**3** Den Boden sofort nach dem Backen vom Springformboden lösen, aber darauf erkalten lassen.

**4** Für den Biskuitteig Eier mit Handrührgerät mit Rührbesen auf höchster Stufe in 1 Minute schaumig schlagen. Zucker mit Bourbon Vanille-Zucker mischen, in 1 Minute einstreuen, dann noch etwa 2 Minuten schlagen.

**5** Mehl, Kakao und Backpulver mischen, die Hälfte davon auf die Eiercreme sieben und kurz auf niedrigster Stufe unterrühren. Den Rest des Mehlgemisches auf die gleiche Weise unterarbeiten. Butter zuletzt unterrühren.

**6** Den Teig in eine Springform (Ø 26 cm, Boden gefettet, mit Backpapier belegt) füllen und mit Mandeln bestreuen. Die Form auf dem Rost in den Backofen schieben und sofort backen.

**Ober-/Unterhitze: etwa 180 °C (vorgeheizt)**
**Heißluft: –**
**Gas: etwa Stufe 3 (vorgeheizt)**
**Backzeit: 20–30 Min.**

**7** Den Biskuitboden aus der Form lösen, auf einen Kuchenrost legen, das Backpapier abziehen und den Boden erkalten lassen. Den erkalteten Biskuitboden einmal waagerecht durchschneiden.

**8** Knetteigboden auf eine Tortenplatte legen, mit 100 g von dem Pflaumenmus bestreichen und mit unterem Biskuitboden bedecken. Einen Tortenring darumstellen.

**9** Für die Füllung Gelatine nach Packungsaufschrift einweichen. Die Milch zum Kochen bringen, von der Kochstelle nehmen und die Schokolade unter Rühren darin auflösen. Die ausge-

(Fortsetzung Seite 152)

drückte Gelatine hinzufügen und ebenfalls unter Rühren darin auflösen. Die Schokoladenmilch etwas abkühlen lassen. Sahne steif schlagen. Wenn die Schokoladenmilch anfängt dicklich zu werden, die Sahne unterheben.

**10** Die Hälfte der Creme in den Tortenring streichen, mit Mandeln bestreuen, mit dem oberen Biskuitboden bedecken und mit der restlichen Creme bestreichen. Die Torte mindestens 2 Stunden kalt stellen.

**11** Den Tortenring mit Hilfe eines Messers lösen. Das restliche Pflaumenmus durch ein Sieb streichen und den Tortenrand damit bestreichen.

**12** Schokolade grob zerkleinern, in einem kleinen Topf im Wasserbad bei schwacher Hitze zu einer geschmeidigen Masse verrühren, auf ein Stück Backpapier streichen und fest werden lassen. Unterschiedlich große Sterne ausstechen und an den Tortenrand und auf die Torte legen. Die Torte mit Kakao bestäubt servieren.

# Lambadaschnitten

***Zubereitungszeit: 30 Min.***
***Backzeit: etwa 10 Min.***

***Insgesamt:***
***E: 57 g, F: 172 g, Kh: 511 g, kJ: 16447, kcal: 3935***

Für den Biskuitteig:
- **4 Eier (Größe M)**
- **4 EL heißes Wasser**
- **150 g Zucker**
- **1 Pck. Vanillin-Zucker**
- **80 g Weizenmehl**
- **80 g Speisestärke**
- **2 1/2 gestr. TL Backpulver**

- **150 ml Orangensaft**

Für die Orangencreme:
- **2 Pck. Pudding-Pulver Vanille-Geschmack**
- **50 g Zucker**
- **850 ml Orangensaft**
- **400–500 ml Schlagsahne**
- **Schokoladenornamente**

**1** Für den Biskuitteig Eier und Wasser mit Handrührgerät mit Rührbesen auf höchster Stufe in 1 Minute schaumig schlagen. Zucker mit Vanillin-Zucker mischen, in 1 Minute einstreuen, dann noch etwa 2 Minuten schlagen.

**2** Mehl, Speisestärke und Backpulver mischen, die Hälfte davon auf die Eiercreme sieben und kurz auf niedrigster Stufe unterrühren. Den Rest des Mehlgemisches auf dieselbe Weise unterarbeiten.

**3** Den Teig auf ein gefettetes, bemehltes Backblech (38 x 28 cm) streichen. Das Backblech in den Backofen schieben.

**Ober-/Unterhitze:**
**200–220 °C (vorgeheizt)**
**Heißluft: –**
**Gas: Stufe 3–4 (vorgeheizt)**
**Backzeit: etwa 10 Min.**

**4** Den Biskuit sofort mit Orangensaft tränken und auf dem Blech erkalten lassen.

**5** Für die Orangencreme aus Pudding-Pulver, Zucker und Orangensaft nach Packungsaufschrift – aber mit den hier angegebenen Zutaten – einen Pudding zubereiten, ihn noch warm auf den Biskuitboden streichen und erkalten lassen.

**6** Die Sahne steif schlagen, auf den Pudding streichen und mit Schokoladenornamenten garnieren.

# Cappuccino-Tupfen-Torte

**Zubereitungszeit: 35 Min.**
**Backzeit: 25–35 Min.**

**Insgesamt:**
**E: 50 g, F: 258 g, Kh: 338 g, kJ: 16758, kcal: 4005**

Für den All-in-Teig:
- **100 g Weizenmehl**
- **25 g Speisestärke**
- **3 gestr. TL Backpulver**
- **125 g Zucker**
- **1 Pck. Vanillin-Zucker**
- **1 Prise Salz**
- **125 g weiche Butter oder Margarine**
- **3 Eier (Größe M)**
- **1 Pck. Orangenfrucht**

Für den Belag:
- **1 Dose Mandarinen (175 g Abtropfgewicht)**
- **400 ml Schlagsahne**
- **2 Pck. Sahnesteif**
- **2 Pck. Vanillin-Zucker**
- **2 Beutel (à 10 g) Cappuccino-Pulver**

- **30 g Zartbitter-schokolade**

1 Für den All-in-Teig Mehl, Speisestärke und Backpulver mischen und in eine Rührschüssel sieben. Die übrigen Zutaten hinzufügen und alles mit Handrührgerät mit Rührbesen zunächst auf niedrigster, dann auf höchster Stufe in etwa 2 Minuten zu einem glatten Teig verarbeiten.

2 Den Teig in eine Springform (Ø 26 cm, Boden gefettet, mit Backpapier belegt) füllen und glattstreichen. Die Form auf dem Rost in den Backofen schieben.

**Ober-/Unterhitze:**
**etwa 170 °C (vorgeheizt)**
**Heißluft: etwa 150 °C (nicht vorgeheizt)**
**Gas: etwa Stufe 3 (nicht vorgeheizt)**
**Backzeit: 25–35 Min.**

3 Den Boden aus der Form lösen und auf einen mit Backpapier belegten Kuchenrost stürzen, das mitgebackene Backpapier abziehen und den Boden erkalten lassen.

4 Für den Belag Mandarinen auf einem Sieb gut abtropfen lassen. Sahne zunächst 1 Minute schlagen. Sahnesteif, Vanillin-Zucker und Cappuccino-Pulver mischen, die Sahne hinzufügen und steif schlagen.

5 Die Cappuccino-Sahne in einen Spritzbeutel ohne Tülle füllen und in Tupfen dicht an dicht kreisförmig auf den Boden spritzen. Die Mandarinen darauf verteilen.

6 Die Schokolade in einem kleinen Topf im Wasserbad zu einer geschmeidigen Masse verrühren. Die Schokolade in einen Gefrierbeutel füllen, eine kleine Ecke abschneiden und die Torte mit der Schokolade besprenkeln (oder die Schokolade mit einem Teelöffel auf die Torte sprenkeln).

**Tips:**
Den Boden nach Belieben mit in heißem Wasser angerührtem Cappuccino-Pulver tränken. Anstelle von Cappuccino-Pulver und Sahnesteif kann die Sahne auch mit 1 Päckchen Instant-Saucenpulver Vanille-Geschmack und 1 Päckchen Vanillin-Zucker steif geschlagen werden.

# Kapitel-Register

## Freche Früchtchen



## Hits für Kids



## Kalte Köstlichkeiten



## Torten mit Schwips

## Kuchen-Versuchungen



## Sahnige Highlights

# Alphabetisches Register

## M



## N



## P



## R



## S/T



## U/V



## W



## Z

HEYNE-KOCHBUCH
07/4752

**Hinweise:** Bitte beachten Sie bei Gasherden die Gebrauchsanweisung des Herstellers.

Bei den in diesem Buch verwendeten Torten-Namen handelt es sich z.T. um eingetragene Marken.

**Wir danken für die freundliche Unterstützung:** Gabriele Fiedler PR, Hamburg
Ketchum Public Relations, München
The Food Professionals Köhnen GmbH, Sprockhövel
Ute Middelmann PR, Hamburg
allen Verbraucherinnen, die uns Rezepte zur Verfügung gestellt haben.


http://www.heyne.de
Printed in Germany 2001

**Redaktion:** Eva-Maria Dammeier

**Titelfotos:** Brigitte Wegner, Bielefeld
Comstock, Berlin

**Innenfotos:** Brigitte Wegner, Bielefeld
Kramp & Gölling, Hamburg
Redaktion City Food & Foto, Hamburg

**Foodstyling:** Eike Upmeier-Lorenz, Herford
**Requisite:** Karin Knull, Bielefeld

**Grafisches Konzept:** Björn Carstensen, Hamburg
**Gestaltung:** GDH Haselhorst, Bielefeld

**Umschlaggestaltung:** Hauptmann und Kampa, Werbeagentur, CH-Zug, unter Verwendung des Originalumschlags von Kontur Design GmbH, Bielefeld

**Reproduktionen:** Mohndruck Graphische Betriebe GmbH, Gütersloh

**Satz:** Gramma GmbH, München

**Druck und Bindung:** Graphischer Großbetrieb Pößneck



ISBN 3-453-17958-7

HEYNE KOCHBÜCHER